W0044363

DUDEN

Flotte Sprüche
& geflügelte Worte

Flotte Sprüche & geflügelte Worte

Geschichten und Anekdoten rund um Zitate, Sprichwörter und Redensarten

Mit Illustrationen von Marie Marcks

DUDENVERLAG
Mannheim · Leipzig · Wien · Zürich

Texte von Dr. Brigitte Alsleben,
illustriert von Marie Marcks
Redaktion: Gabriele Gassen

Die Deutsche Bibliothek – CIP-Einheitsaufnahme
DUDEN: Flotte Sprüche & geflügelte Worte : Geschichten
und Anekdoten rund um Zitate, Sprichwörter und
Redensarten / mit Ill. von Marie Marcks.
[Texte von Brigitte Alsleben. Red.: Gabriele Gassen]. –
Mannheim; Leipzig; Wien; Zürich: Dudenverl., 1998
ISBN 3-411-70471-3

Das Wort DUDEN ist für den Verlag
Bibliographisches Institut & F. A. Brockhaus AG
als Marke geschützt.

Die Texte wurden in
neuer Rechtschreibung abgefasst.

Satz und Grafik: Harold Vits, Mannheim
Druck: wwk druck GmbH, Speyer
Bindung: Großbuchbinderei Weinsberg
Printed in Germany
ISBN 3-411-70471-3

Liebe Leserin, lieber Leser,

in der Alltagssprache verwenden wir ständig Redewendungen, Sprichwörter, Zitate und alle möglichen Sprüche, die ganz selbstverständlich sind. Meist ist aber nicht bekannt, woher sie kommen, was sie bedeuten, welche interessanten Geschichten oder amüsanten Anekdoten sich mit ihnen verbinden. Dieser kleine Band präsentiert Ihnen eine bunte Auswahl von Worten, die Flügel bekommen haben und in aller Munde sind.

Begleiten Sie uns durch sechs interessante Kapitel:

1. *Ein Buch mit sieben Siegeln* – Mit Bibelzungen reden … … … …   7
2. *Du sprichst ein großes Wort gelassen aus* –
   Goethe und Schiller für jede Gelegenheit … … … … … … … … 51
3. *Der Rest ist Schweigen* – Querbeet durch die Literatur   … … … 93
4. *Der Zweite in Rom?* – Aus der Geschichte zitiert   … … … … … 145
5. *„Was tun?", spricht Zeus* – Mit den antiken Göttern im Bunde … 183
6. *Alle reden vom Wetter* – Ausflüge in die Medienlandschaft   … … 219

Wir wünschen Ihnen viel Vergnügen!

Ihre Dudenredaktion

1. Kapitel

Ein Buch mit sieben Siegeln –

Mit Bibelzungen reden

Ein Buch mit ⌐1 ⌐2 ⌐3 ⌐4 ⌐5 ⌐6

⌐1 ⌐2 ⌐3 ⌐4 ⌐5 ⌐6 ⌐7

Ein Buch mit sieben Siegeln.

Ist jemandem / (oder auch:) für jemanden
etwas ein Buch mit sieben Siegeln, dann
ist es für ihn völlig unverständlich und
undurchschaubar: *Differenzialrechnung war für
ihn ein Buch mit sieben Siegeln.*

Die Wendung hat ihren Ursprung in der
Bibel. An mehreren Stellen ist dort von
einem Buch die Rede, das als „Buch des
Lebens" bezeichnet wird. In der Offen-
barung des Johannes 5, 1 ff. heißt es von
diesem Buch: „Und ich sah in der
rechten Hand des, der auf dem Stuhl saß,
ein Buch, beschrieben inwendig und
auswendig, versiegelt mit sieben Siegeln.
(…) Und niemand im Himmel noch
auf Erden noch unter der Erde konnte das
Buch auftun und hineinsehen."

Es geschieht

Neues unter der Sonne.

Alles wie gehabt.

Wer das umseitige Zitat benutzt, gibt zumeist mit einer gewissen Resignation der Erkenntnis Ausdruck, dass bestimmte Abläufe, Geschehnisse und Verhaltensmuster immer wiederkehren und daher nicht überraschen sollten.

Quelle des Zitats ist der Prediger Salomo im Alten Testament, der auf die Eitelkeit und Nichtigkeit alles Irdischen hinweist: „(…) und geschiehet nichts Neues unter der Sonne. Geschiehet auch etwas, davon man sagen möchte: Siehe, das ist neu? Denn es ist zuvor auch geschehen in vorigen Zeiten, die vor uns gewesen sind." (1, 8 f.)

furchtbar und wehret euch! seid

DUDEN

... fruchtbar und mehret euch!

Umseitige Mahnung ist angebracht, wo ab-
wartend die Hände in den Schoß zu legen
unangebracht ist! Sie wird heute scherzhaft
gebraucht, war aber ursprünglich als poli-
tischer Protestslogan der 8oer-Jahre keineswegs scherzhaft gemeint.

Sie ist die Abwandlung eines Bibelverses
im 1. Buch Moses (1, 28), wo es von Gottes
Weisung an die ersten Menschen heißt:
„Seid fruchtbar und mehret euch (…).“
Meist wird auch dieses Bibelzitat selbst
heute scherzhaft gebraucht. Angesichts der
Bevölkerungsexplosion gibts für den ernst-
haften Gebrauch ja wohl auch keinen Anlass
mehr, selbst dann nicht, wenn man als
Familienminister an unseren neuerlichen
Geburtenknick dächte.

Es ist nicht gut,
dass der Mensch

allein *sei.*

Eva auf Partnersuche.

Im 1. Buch Moses 2,18, wo dieses Zitat nachzulesen ist, verhält sichs allerdings gerade
umgekehrt. Da nämlich braucht der einsame
Adam eine Gefährtin: „Es ist nicht gut,
dass der Mensch allein sei; ich will ihm eine
Gehilfin machen, die um ihn sei."
Das Zitat wird verwendet, wenn man im
Alleinsein von Menschen die Gefahr der Iso-
lierung sieht. Meist wird es aber scherzhaft
an jemanden gerichtet, den man – Männlein
oder Weiblein – gern unter der ehelichen
oder partnerschaftlichen Haube sähe.
Für diejenigen, die hier rotsehen, legen wir
schnell Moustakis lyrisches Chanson auf:
„Non, je ne suis jamais seul avec ma solitude …"
(= Ich bin bin nie allein mit meiner Ein-
samkeit …)

Im Schweiße unseres Angesichts ...

Alles Evas Schuld?

Wenn Sie bibelfest sind, dann gibt Ihnen die Quelle des umseitigen Ausdrucks keine Rätsel auf. Sie schlagen im Alten Testament das 1. Buch Moses auf und lesen im 3. Kapitel, Vers 19 die an unsern Urvater Adam gerichteten Worte Gottes, mit denen das menschliche Los nach dem Sündenfall besiegelt wurde: „Im Schweiße deines Angesichts sollst du dein Brot essen, bis dass du wieder Erde werdest, davon du genommen bist." Es ist müßig, hier die Schuldfrage klären zu wollen. Wir begnügen uns damit, den heutigen Gebrauch des Zitats zu registrieren: Es wird ganz allgemein in Bezug auf jemandes anstrengendes, mühevolles Tun angewendet.

Bleibe im **Lande** und **nähre** dich redlich**!**

Dem Mutigen gehört die Welt!

Der zum Sprichwort gewordene 3. Vers aus
dem 37. Psalm ermahnt die Gläubigen,
sich zu bescheiden und die Gottlosen nicht
zu beneiden, da deren Glück nicht von
Dauer sei.

Das Sprichwort wird – oft mit leicht ironischem Unterton – gebraucht, um jemandem
von hochfliegenden oder riskanten Plänen
abzuraten und ihn zur Bescheidung in die
gewohnte Umgebung und Lebenssituation
zu ermuntern.

Bevor Sie diesen Rat womöglich als der
Weisheit letzten Schluss betrachten, geben
wir Ihnen ein anderes Sprichwort zu be-
denken: Frisch gewagt ist halb gewonnen!

Den Seinen

gibts der Herr

im Schlaf.

Wo bleibt die Chancengleichheit?!

Im 127. Psalm (V.2) heißt es von der Für-
sorge des Herrn für die Gottesfürchtigen:
„Es ist umsonst, dass ihr früh aufstehet
und hernach lange sitzet und esset euer Brot
mit Sorgen; denn seinen Freunden gibt
ers schlafend."
Auf diesem Vers beruht die umseitige
Redensart, und wir gebrauchen sie mit ironischem Unterton, um zu sagen: „Manche
Leute haben so viel Glück, dass sie ohne
Anstrengung viel erreichen." Gehören Sie
etwa auch zu diesen Glückspilzen?

Paradiesisch gepolstert.

Die Sitzgelegenheit von internationalem Rang.

Design: Abramo.

Wie in Erzväterchens Schoß.

Die Rede ist von Abrahams Schoß.
Wer „wie in Abrahams Schoß sitzt", der ge-
nießt zumindest einen der beiden folgenden
Vorzüge: Er fühlt sich sicher und geborgen;
er sitzt so bequem, wie es von der weichen
Polsterung wirtschaftlich stabiler Verhältnisse
nur erwartet werden kann. Der Vergleich
geht auf das Lukasevangelium (16, 22) zurück,
wo Lazarus nach seinem Tod von Engeln in
Abrahams Schoß getragen wird. „Abrahams
Schoß" ist im Neuen Testament eine
Metapher für das Paradies, die auch in anderen Sprachen *(„Abraham's bosom", „le sein
d'Abraham", „il seno di Abramo")* lebendig ist
und in Wendungen wie „in Abrahams Schoß
eingehen/ruhen" gehoben-verhüllend für
„sterben/tot sein" gebraucht wird.

AUF DASS

DAS HAUS

VOLL

WERDE!

Oder lieber doch nicht?

Wer von uns hätte nicht schon mal mit der umseitigen scherzhaften Floskel Gäste bewillkommnet, besonders wenn sie sich unerwartet zahlreich einstellten?

Wer von uns hätte aber schon gewusst, dass er dabei mit Bibelzungen redete und genau besehen seinen gastfreundlichen Mund ganz schön voll nahm? Das Zitat stammt nämlich aus dem Gleichnis vom großen Abendmahl (Lukas 14, 23); und die Gäste sind hier nicht die eigentlich geladenen Freunde, Verwandten und Nachbarn. Diese haben abgesagt, und die an ihrer Stelle Geladenen sind die Armen, die Lahmen und Blinden und Obdachlosen, die der Diener auf Anweisung des Herrn bitten soll hereinzukommen, „auf dass mein Haus voll werde".

Ein Herz **und** eine Seele.

Unzertrennlich.

Hier geht es nicht um den ironischen Titel
von Wolfgang Menges Fernsehserie mit
Ekel Alfred als Hauptfigur, sondern um die
Herkunft der umseitigen Redewendung,
die (meistens nicht ironisch!) gebraucht wird,
um die große Einmütigkeit zwischen zwei
Menschen, ihre Unzertrennlichkeit zu
umschreiben.

Quelle ist wieder einmal die Bibel, und
zwar die Apostelgeschichte im Neuen
Testament. Dort heißt es in Bezug auf die
innige Gemeinschaft der Gläubigen:
„Die Menge aber der Gläubigen war ein
Herz und eine Seele, auch keiner sagte
von seinen Gütern, dass sie sein wären,
sondern es war ihnen alles gemein."

Ein **Dorn** unter

Rosen.

Eine Rose unter Dornen.

Eine Anspielung auf den ungebärdigen Störenfried in der Klassengemeinschaft? Auf den aggressiven Zuwachs in Ihrem harmonischen Team? Auf das schwarze Schaf in Ihrer friedliebenden Familie? Wie auch immer, mit dem Dorn unter Rosen ist hier jedenfalls die unliebsame Ausnahme gemeint. Der bildliche Ausdruck ist eine scherzhafte Gelegenheitsbildung, nämlich die Umkehrung des Zitats „eine Rose unter Dornen". Mit diesem Bild umschreiben wir eine Person oder auch Sache, die sich durch ihre Besonderheit oder Schönheit auszeichnet. Das Zitat stammt aus einem Stück Weltliteratur, das an sprachlicher Schönheit kaum übertroffen werden kann: dem „Hohen Lied" (2, 2) im Alten Testament.

Was du tun willst,

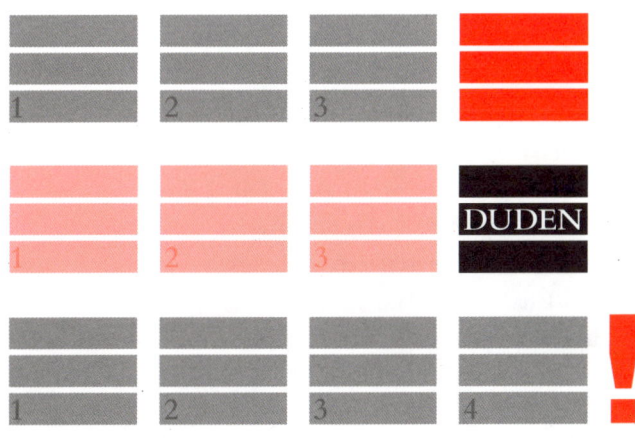

DUDEN

!

..., das tue bald!

Wenn wir dieses Zitat heute jemandem
gegenüber benutzen als Aufforderung, einen
Entschluss ohne Zaudern in die Tat um-
zusetzen, denken wir wohl kaum noch an
den ursprünglichen Textzusammenhang;
denn sonst bliebe uns die Aufmunterung
wohl eher im Halse stecken.

Wir lesen das im Wortlaut leicht abgewandelte Zitat im Johannesevangelium:

Jesus ist es, der im Wissen, wer sein Verräter
sein wird, diese Worte beim letzten Abendmahl an Judas richtet: „Was du tust,
das tue bald!"

Nun lassen wir unser LICHT mal schön leuchten!

Wenn andere im Dunkeln tappen.

Hier werden gleich zwei Wendungen ange-
sprochen: „sein Licht leuchten lassen" und
„sein Licht nicht unter den Scheffel stellen".
Beide Wendungen gehen auf eine Stelle im
Matthäusevangelium (5. Kapitel, Vers 15 f.)
zurück, wo es heißt, dass man sein Licht
nicht unter den Scheffel, sondern auf einen
Leuchter stellen soll, damit es von allen
gesehen werden kann. Matthäus bezieht
das Bild auf die guten Taten eines
Menschen; heute wird die Wendung auch
auf seine besonderen Fähigkeiten bezogen.
Der Scheffel ist übrigens ein schaufelartiges
Gefäß, das früher als Getreidemaß verwendet wurde. Ein Licht, das man unter
einen Scheffel stellt, ist also abgeschirmt
und kann nicht weit leuchten.

MÜCKEN SEIHEN UND KAMELE

verschlucken.
DUDEN

Der Sinn fürs Wesentliche.

Also, ohne sagen zu wollen, dass eine duden-
reine Rechtschreibung und Zeichensetzung
unbedeutende Kleinigkeiten wären:
Aber wenn jemand z. B. ein regelwidriges
Komma oder Eszett zum Maßstab aller
Dinge erhebt und darüber den guten Inhalt
des Textes vergisst, oder umgekehrt,
wenn jemand den mit Komma und Punkt
regelgerecht verschnürten Inhalt trotz
gedanklicher Schwächen goutiert, dann
„seiht er Mücken und verschluckt Kamele",
d. h., er nimmt unbedeutende Kleinigkeiten
äußerst genau und kümmert sich herzlich
wenig um die wirklich wichtigen Dinge.
Die Wendung stammt aus dem Matthäusevangelium (23, 24), wo Jesus den Schrift-
gelehrten und Pharisäern eben dies zum
Vorwurf macht.

In **S** ▢▢▢

und **A** ▢▢▢▢

gehen 🟥

In Sack und Asche.

In gehobener Sprache hat sich die Wendung „in Sack und Asche gehen" in der Bedeutung von „Buße tun" bis heute erhalten. Ihre Quelle führt uns ins Alte Testament, wo Sack und Asche als Zeichen der Buße und Trauer genannt werden, z. B. im Buch Esther (4, 1): „Da Mardochai erfuhr alles, was geschehen war, zerriss er seine Kleider und legte einen Sack an und Asche und ging hinaus mitten in die Stadt und schrie laut und kläglich." Auch im Neuen Testament bei Matthäus 11, 21 oder Lukas 10, 13 wird auf den altorientalischen Brauch hingewiesen.

EIn gewaltiger Esser vor dem Herrn?

Gourmand aus Passion!

Mit der umseitigen scherzhaften Umschreibung, bei der „Esser" mehr oder weniger beliebig austauschbar ist und „gewaltig" oft durch „groß" ersetzt wird, unterstreicht man das Talent, die Leidenschaftlichkeit oder Begeisterung, mit der jemand etwas tut: *Rudi war ein großer Fußballer vor dem Herrn. Ob morgens, mittags, abends: Jede freie Minute kickte er mit strammer Wade den Ball.* Oder: *Jutta ist eine gewaltige Feministin vor dem Herrn, und entsprechend klein ist der Kreis ihrer (männlichen) Bewunderer.* Die Umschreibung geht auf eine Stelle im 1. Buch Moses (10,9) zurück, wo es von Nimrod, einem Nachkommen Noahs, heißt: „(…) und war ein gewaltiger Jäger vor dem Herrn."

Ihre Zahl ist

LEGION.

Not Leidende in der Welt.

Quelle des Zitats ist das Neue Testament, nämlich die bei Lukas (8, 30) und Markus (5, 9) berichtete Heilung des Besessenen durch Jesus. Als Jesus den „unsauberen Geist" austreibt, fragt er nach dessen Namen und erhält die Antwort: „Legion heiße ich, denn unser ist viel."

Mit dem Namen soll in Anlehnung an die Stärke einer römischen Legion von weit über 6000 Mann eine ungeheuer große Anzahl angedeutet werden. In diesem Sinne benutzen wir das Zitat heute in gehobener Sprache – oft so abgewandelt: *Die Zahl der (Not Leidenden / Gefallenen / Geflüchteten usw.) ist Legion.*

Wie Sand am

MEER.

SAND

Wie Abfall am Strand ...

Jeder von uns kennt den umseitigen bildlichen
Vergleich, den wir gebrauchen, wenn etwas
Zählbares im Überfluss, haufenweise, massen-
weise, in Hülle und Fülle, in rauen Mengen
vorkommt. Ob es sich dabei nun um Pilze
in einem bestimmten Waldgebiet handelt oder
um öde Talkshows, um die immer gleichen
Hamburger-Schnellrestaurants weltweit oder
um Umweltmuffel, spielt dabei sprachlich
keine Rolle. Inhaltlich allerdings sehr wohl,
denn wenn wir uns z. B. die Umweltmuffel
nicht energischer vorknöpfen, könnte obiger
Vergleich schon übermorgen treffender
sein als der umseitige. – Der Vergleich „wie
Sand am Meer" ist besonders durch die Bibel
verbreitet worden; nachzulesen etwa bei
1. Moses 41, 49 oder Jesaja 10, 22.

Der Tanz ums Goldene Kalb.

Kalb aus Ohrringen!

Die stilistisch gehobenen Wendungen „das Goldene Kalb anbeten", „um das Goldene Kalb tanzen" und „der Tanz um das Goldene Kalb" beziehen sich alle auf die Gier nach Geld, dessen Wert man unverhältnismäßig hoch schätzt: *Es heißt, ihre millionenschwere Heirat sei nichts als ein Tanz um das Goldene Kalb.*

Die Wendungen gehen auf das Alte Testament zurück. Im 2. Buch Moses wird im 32. Kapitel berichtet, wie Aaron, der ältere Bruder des Moses, dem Volk Israel aus goldenen Ohrringen ein Kalb gießt, das sie als ihren Gott umtanzen und dem sie Opfer bringen.

Mehr Schulden
als Haare auf dem Kopf.

Wer sangs
und schlug
dazu
die Harfe?

David wars, im 40. Psalm.

Umseitiger Tatbestand könnte einen leicht
zum Glatzenfreak machen! In Davids from-
mem Psalm, aus dem sich in unverhohlener
Weltlichkeit unsere umgangssprachliche
Redensart ableitet, war die Schuld aber keineswegs in Mark und Pfennig aufzurechnen.
Nicht von Finanzen war dort die Rede, sondern von den Übertretungen des göttlichen
Gebots, von der Sündenschuld: „Denn es hat
mich umgeben Leiden ohne Zahl; es haben
mich meine Sünden ergriffen, dass ich nicht
sehen kann; ihrer ist mehr denn Haare
auf meinem Haupt, und mein Herz hat mich
verlassen" (Vers 13).
So besehen sind Geldschulden vielleicht doch
nicht das Schlimmste, was einem passieren
kann?!

Was ich geschrieben habe, das habe ich geschrieben.

Quod scripsi, scripsi.

Noch einmal ist die Bibel Quelle des Zitats, nämlich das Johannesevangelium (19, 22). Das Zitat bezieht sich auf die Inschrift „Jesus von Nazareth, der Juden König", die der römische Statthalter Pilatus Jesus auf das Kreuz setzte und die die jüdischen Hohen Priester geändert haben wollten: „Schreibe (…), dass er gesagt habe: Ich bin der Juden König." Pilatus verweigert dies: „Was ich geschrieben habe, das habe ich geschrieben." Wir zitieren diese Worte – oft in lateinischer Form – leicht scherzhaft, um einen von uns verfassten Text vor editorischen Eingriffen zu schützen. Das gute Recht des Autors, solang er sich selbst nicht über die Sache stellt. Denn niemand ist unfehlbar.

2. Kapitel

Du sprichst ein großes Wort gelassen aus – Goethe und Schiller für jede Gelegenheit

Du sprichst ein **großes**

Wort

gelassen aus!

(Kennen Sie das Klassikerwort?)

Die Greueltaten der Tantaliden.

Schlagen Sie in Goethes Dramen nach,
und zwar in der „Iphigenie auf Tauris",
diesem – in Goethes eigenen Worten –
„ganz verteufelt humanen Drama", das in
vierter Fassung Ende 1786 vollendet vorlag.
Mit umseitigem Zitat reagiert König Thoas
auf Iphigenies Enthüllung, sie stamme aus
dem verfluchten Geschlecht des Tantalus.
Und – bei Zeus! – dieses Geschlecht hatte
wegen seiner grässlichen Mordtaten am
eigenen Blut traurige Berühmtheit erlangt.
Heute registrieren wir mit dem Zitat
scherzhaft eine ebenso überraschende wie
gewichtige Äußerung oder wir ersetzen
„großes Wort" durch „wahres Wort", um
scherzhaft eine zutreffende Feststellung
zu kommentieren.

Selbst ist die Frau!

Also nichts wie ran!

Vor genau 165 Jahren sah das freilich im Großen und Ganzen noch anders aus, weshalb sich umseitiger Ausspruch in der literarischen Quelle – Goethes „Faust" (2. Teil, 4. Akt, Vers 10467 f.) – auch anders liest: „Selbst ist der Mann! [Wer Thron und Kron begehrt, / Persönlich sei er solcher Ehren wert.]"

Aber ob „Mann" oder „Frau", wichtig ist die Aussage, nämlich: dass man sich selbst helfen muss.

In diesem Sinne richtet man das Zitat – in umseitig abgewandelter Form meist augenzwinkernd – als Aufforderung an sich selbst oder einen anderen, oder man kommentiert damit voll Genugtuung eine selbstständig gemeisterte Aufgabe.

baut vor.

Der kluge Mann!

Sollte bei dem sprichwörtlich gebrauchten Schillerzitat „Der kluge Mann baut vor" jemand rotsehen, können wir Sie beruhigen. Denn Schiller hier männlichen Chauvinismus vorwerfen zu wollen, das hieße ihn völlig missverstehen. Wer mit umseitigem Zitat aus „Wilhelm Tell" (I, 2) nämlich zu kluger Vorsorge rät, ist eine Frau: Gertrud Stauffacher hält ihren Mann dazu an, sich mit den Landsleuten zu beraten und sich gegen den Druck des Reichvogts zu wehren: „Noch stehst du unversehrt – willst du erwarten, / Bis er die böse Lust an dir gebüßt (= befriedigt)? / Der kluge Mann baut vor." In passender Situation lässt sichs freilich abwandeln: Die kluge Frau baut vor!

Mit der

X1 **X**2 **X**3 **X**4 **X**5 **X**6 **X**7 **X**8

kämpfen Götter selbst vergebens.

Ein kleiner Trost!

„Dummheit" ist das gesuchte Wort, und
Quelle des Zitats ist Schillers „Jungfrau von
Orleans" (III, 6). Die Worte werden von
dem sterbenden Talbot, dem Feldherrn der
Engländer, gesprochen angesichts der
Niederlage, die sein Heer durch die Fran-
zosen unter Führung der Jungfrau von
Orleans erlitten hat.

Das Zitat kommt uns – auch mit dem abgewandelten Anfang „gegen Dummheit" –
gelegen, wenn man (wieder einmal) die Erfahrung machen muss, dass gegen Dummheit kein Kraut gewachsen ist.

Früh übt sich,

was ein Meister werden will.

(Worauf beziehen sich die viel zitierten

Schillerworte?)

Wollte Gott, sie lerntens nie!

Tatsächlich findet sich dieses häufig zitierte Sprichwort in Schillers Schauspiel „Wilhelm Tell" (III, 1). Wir kommentieren damit – oft ironisch – das Verhalten eines Heranwachsenden, aus dem man auf die späteren Fertigkeiten des Erwachsenen schließen zu können glaubt.

Bei Schiller ists Tells Antwort auf den Vorwurf seiner Frau Hedwig, dass sich ihre beiden kleinen Söhne bereits mit einer Schusswaffe, der Armbrust, zu schaffen machen. Hedwigs Erwiderung auf Tells umseitig zitierte Rede hat in 194 Jahren (hoffentlich) nicht an Aktualität verloren: „Ach, wollte Gott, sie lerntens nie!"

Das Beste

ist gerade gut genug!

(Davon war schon **?** **?** **?** überzeugt.)

Goethe in Italien!

Umseitige oft zitierte Feststellung geht auf
eine Stelle in einem Brief zurück, den
Goethe am 3. März 1787 in Neapel schrieb:
„(…) und in der Kunst ist das Beste gut
genug."

Goethe bezieht sich auf sein Drama „Iphigenie auf Tauris", mit dem er sich 10 Jahre
beschäftigt hatte und das erst in der
4. Fassung seinen Ansprüchen genügte.

Wir verwenden das (leicht abgewandelte)
Zitat heute eher in kunstentfremdetem
Zusammenhang, wenn nur das Erlesene
der geforderten Qualität enspricht – seis der
Pullover in Kaschmir, die Blautanne zu
Weihnachten oder auch der Zukünftige für
unsere Tochter.

DUDEN

Die **Axt** im Haus erspart den

Zimmermann.

Do it yourself, Willi!

Die umseitige Redensart, mit der man jemandes erfolgreiche Do-it-yourself-Methode kommentiert, leidet bereits empfindlich an Abgedroschenheit. Unbekannter dürfte ihre Quelle sein: Wilhelm Tell beschließt mit diesen Worten in Schillers gleichnamigem Drama (III, 1) seine Arbeit am Hoftor. Ebenfalls nicht allgemein bekannt dürfte die umgangssprachlich-scherzhafte Abwandlung der Redensart sein: „Die Axt im Haus ersetzt den Scheidungsrichter." (Nicht jedermanns Geschmack, aber Sie werden zugeben: witzig!)

Auch noch nicht der

letzter Schluss?

Ideallösung gesucht!

Goethes erblindeter Faust formuliert
„der Weisheit letzten Schluss" am Ende seines Lebens angesichts seiner Vision eines
paradiesischen Landes, das, dem Meer abge-
rungen, fortwährend gegen die andringenden
Fluten verteidigt werden muss:
„Das ist der Weisheit letzter Schluss; / Nur
der verdient sich Freiheit wie das Leben, /
Der täglich sie erobern muss." (Faust II,
5. Akt, V. 11 574 ff.)
Wir verwenden das Zitat heute meist um-
gangssprachlich in ganz unphilosophischem
Sinne von „ideale Lösung"; und da diese
keineswegs immer leicht zu finden ist,
gebrauchen wir das Zitat häufig verneint
und mit leicht ironischem Unterton.

heißt die **Kanaille**!

(Name nach Wahl einzutragen)

Tun Sie sich keinen Zwang an!

Jeder von uns kennt zuweilen solch ein zuckersüßes Früchtchen! Bei Schiller jedenfalls heißt die Kanaille Franz, Franz Moor, Gegenspieler von Karl Moor in dem Sturm-und-Drang-Drama „Die Räuber" (I, 2). Man verwendet das Zitat heute als meist scherzhafte Bekräftigung, wenn jemandes Name in einem bestimmten, als unerfreulich empfundenen Zusammenhang genannt wird.

Es muss
auch solche
Käuze geben!

Leben und leben lassen.

Bei dem umseitigen geflügelten Wort
handelt sichs um ein Zitat aus einem
schier unerschöpflichen Meisterwerk der
Weltliteratur: Goethes „Faust" (1. Teil,
Marthens Garten).
Der verjüngte Titelheld, der sich durch
eine Wette dem Höllengeist Mephisto-
pheles bedingt verschrieben hat, versucht
mit dieser Phrase Gretchens Grauen
vor seinem teuflischen Begleiter zu
beschwichtigen. Wir benutzen das Zitat
heute, um jemandes uns sonderbar
erscheinendes Wesen oder Verhalten mit
bequemer Beiläufigkeit zu kommentieren, ohne uns über den Gegenstand in
ein Gespräch einlassen zu wollen.

WIR KENNEN UNSRE
PAPPENHEIMER!

Keineswegs ein Kompliment.

Und unsern Schiller auch? (Man wird ja wohl mal fragen dürfen …) Wir sind uns also über Folgendes einig: Umseitige Wendung geht auf ein Zitat aus „Wallensteins Tod" (III, 15) zurück, im originalen Wortlaut: „Daran erkenn ich meine Pappenheimer." Es ist eine Anerkennung, die Wallenstein den Männern des Pappenheimer Regiments ausspricht, weil sie ihm die Treue gewahrt haben, während andere Regimenter bereits von ihm abgefallen sind. Mit der umgangssprachlichen Wendung „seine Pappenheimer kennen" äußert man heute allerdings keine Anerkennung mehr. Im Gegenteil, wir benutzen sie in der Bedeutung: bestimmte Menschen mit ihren Schwächen genau kennen und wissen, was man von ihnen zu erwarten hat.

Des

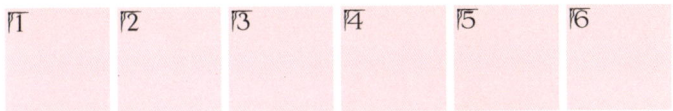

| 1 | 2 | 3 | 4 | 5 | 6 |

Kern.

Um welches

Früchtchen

geht es hier?

„Knurre nicht, Pudel!"

„Das also war des Pudels Kern!" Mit diesen
Worten kommentiert Goethes Faust
in spöttischem Ton die Verwandlung des
schwarzen Pudels, der ihm nach dem Oster-
spaziergang ins Studierzimmer gefolgt war.
Der Pudel nimmt menschliche Gestalt an:
Der Höllengeist Mephisto tritt im Kostüm
eines fahrenden Scholaren (und das hieß im
Mittelalter: eines umherziehenden Schülers,
Studenten) auf.
Man verwendet das Zitat heute, um seiner
Überraschung Ausdruck zu geben über
etwas, das sich längere Zeit nicht recht er-
kennen oder durchschauen ließ.

Johanna

geht, und nimmer
kehrt sie wieder!

Ciao, Bambina!

Umseitiges Zitat stammt aus Schillers
Tragödie „Die Jungfrau von Orleans" (ur-
aufgeführt 1801 in Leipzig); Johanna spricht
die Worte im 4. Auftritt des Prologs.
Heute gebraucht man das Zitat als
scherzhaften Kommentar, wenn jemand –
besonders eine weibliche Person –
enttäuscht oder beleidigt weggeht, weil er
oder sie bei einem Vorhaben nicht zum
Zuge gekommen ist.

Die Botschaft hör ich wohl,

..., allein mir fehlt der Glaube.

Die Fernsehsender wollen von nun an freiwillig auf Gewaltdarstellungen verzichten. Das ist so ein Fall, wo einem dieses Zitat auf die Zunge kommen könnte. Man hört sehr wohl, was einem da mitgeteilt wird, aber man kanns einfach nicht glauben!

Natürlich brauchts sichs, wenn man hier beim großen Goethe Anleihe macht, nicht immer um eine überraschend gute Nachricht zu handeln; eine plötzliche schlechte Nachricht mag einem erst recht unglaubhaft erscheinen.

Der Vers steht im „Faust" (1. Teil, V. 765) und Faust bekundet damit den Verlust seines Glaubens, als er beim Vorsatz Gift zu nehmen draußen die österlichen Glocken und Chorgesang hört.

ICH sei, gewährt mir die Bitte, in eurem Bunde der Dritte!

Männerfreundschaft!

Ob Carreras zu Pavarotti und Domingo, ob
Kinkel zu Kohl und Schäuble – umseitiger
Ausspruch passt, obwohl er schon 200 Jahre
alt ist und sich auf einen ganz speziellen
Zusammenhang bezieht: Er stammt aus
Friedrich Schillers viel zitierter Ballade „Die
Bürgschaft". In der Ballade wird der
Tyrann von Syrakus Zeuge unverbrüchlicher
Freundestreue, empfindet zum ersten
Mal ein „menschliches Rühren" und bittet
mit umseitigen Worten um Aufnahme in
den Freundschaftsbund.
Die Wendung „der Dritte im Bunde" wurde
durch Schillers „Bürgschaft" im Sinne
von „der dritte Teilnehmer (bei etwas)" ge-
bräuchlich.

Der Worte sind genug gewechselt …

(Der Geheime Rat v. Goethe wird ungeduldig.)

Wir wollen Taten sehen!

Umseitiges Zitat setzt sich in einem weiteren Vers fort und heißt dann: „Der Worte sind genug gewechselt, / Lasst mich auch endlich Taten sehn!" Es gehört in das „Vorspiel auf dem Theater" zu Goethes „Faust" und wird hier von dem Theaterdirektor an den Dichter gerichtet. Während der Theaterdirektor den Hauptakzent auf die Publikumswirksamkeit eines Stückes legt, vertritt der Dichter die Eigengesetzlichkeit der Kunst. Der Disput ist so eine Art Goethe gegen Goethe, der Spielleiter des Weimarer Hoftheaters gegen den Weimarer Dichter. Das Zitat – oft das „mich" des 2. Verses in ein „uns" geändert – gebraucht man als Aufforderung langes Reden zu lassen und dafür entschlossen zu handeln.

Das Auge des Gesetzes.

Dein Freund, die Polizei.

Wenn wir heute die Polizei scherzhaft als „das Auge des Gesetzes" bezeichnen, zitieren wir wieder einmal aus Schillers „Lied von der Glocke": „Schwarz bedecket / Sich die Erde; / Doch den sichern Bürger schrecket / Nicht die Nacht, / Die den Bösen grässlich wecket; / Denn das Auge des Gesetzes wacht."

Das Bild vom Auge des Gesetzes war allerdings auch zu Schillers Zeiten nicht ganz neu. Schon Autoren der Antike wie z. B. der griechische Tragiker Sophokles sprachen vom Auge der strafenden Gerechtigkeit. (Apropos Auge des Gesetzes: Wo haben Sie in der Eile der Verzweiflung denn Ihren Wagen geparkt ??!)

Zwar weiß ich viel, doch möcht ich alles wissen.

Wer möchte das nicht?!

Auch dies ist ein Zitat aus Goethes Faust-Tragödie (1. Teil, V. 601), und zwar aus dem Munde des Famulus Wagner, der grotesken Gegenfigur zu Faust, für die die Welt nur mit dem Verstand begreifbar ist. Man zitiert den Vers heute gern scherzhaft, um in einer bestimmten Situation seinem Wissensdrang oder auch seiner Neugier Ausdruck zu verleihen.

Man merkt die Absicht

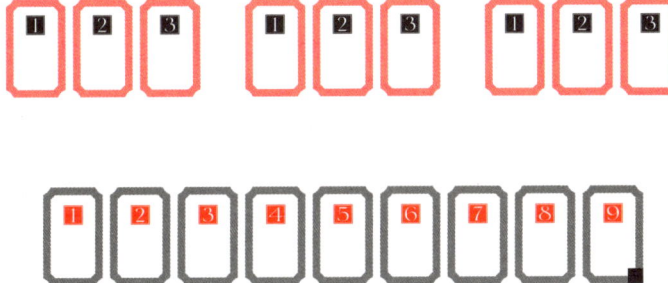

(Eine Erfahrung, die wir mit Goethe teilen.)

... und man ist verstimmt.

„Man merkt die Absicht, und man ist verstimmt" ist ein leicht abgewandeltes Zitat aus
Goethes Schauspiel „Torquato Tasso" (II, 1).
Der Titelheld drückt damit sein Missfallen
an dem Verhalten der Leonore Sanvitale
aus: „(…) und wenn sie auch / Die Absicht
hat, den Freunden wohlzutun, / So fühlt
man Absicht, und man ist verstimmt."
Wir benutzen das abgewandelte Zitat als
Kommentar zu jemandes allzu durch-
sichtigem Tun oder Reden, in dem man
deutlich dessen meist ganz persönliche
Interessen erkennt.

Mit

Putzifix

im Handumdrehen:

Welcher Glanz
in meiner Hütte !

Friedrich, stell die Werbung ab!

Das Fatale ist, dass es für klassische Zitate keinen Urheberschutz gibt, sonst bräuchte sich Schiller jetzt nicht im Grabe umzudrehn! Umseitiger zu Werbezwecken genutzter Ausruf geht nämlich auf seine „Jungfrau von Orleans" (Prolog, 2. Akt) zurück, im Originalwortlaut: „Wie kommt mir solcher Glanz in meine Hütte?" Mit dieser Frage äußert Johannas Vater seine ängstliche Verwunderung über seine Träume, in denen er Johannas Krönung in Reims sieht. Diese Frage – oft auch in der abgewandelten Form des umseitigen Ausrufs – wird in scherzhafter Übertreibung gern zitiert als Ausdruck freudigen Erstaunens beim Erscheinen unerwarteten Besuchs.

3. Kapitel

Der Rest ist Schweigen –
Querbeet durch die Literatur

Der Rest ist SCHWEIGEN.

DUDEN

The rest is silence.

„Es war peinlichst!", unterbrach sie die nachboh-
rende Freundin und betonte dabei jedes Wort.
*„Der Rest ist Schweigen. Und nun lass uns von
etwas Erfreulicherem reden."*
Oder: *„Ich habe dir alles erzählt, was ich über
die traurige Sache weiß"*, er zog ratlos die Schultern
hoch und hob leicht seine vorgestreckten Hände.
„Der Rest ist Schweigen …" Wie die Beispiele
illustrieren, kann die Redensart Ratlosigkeit ausdrücken in Bezug auf ein Ereignis,
das man nicht begreift; und sie kann
auch als resignierende Feststellung dienen,
dass zu einem unerfreulichen Thema
nichts mehr zu sagen ist. – Die Redensart
ist ein Zitat aus Shakespeares „Hamlet"
(V, 2); es sind die letzten Worte des sterbenden Titelhelden.

Doktor Murkes
gesammeltes
Schweigen

DUDEN

Archiviert wo und wie?

Bei Heinrich Böll.

In Bölls gleichnamiger, 1958 erschienener
Satire, und zwar auf Tonband. Und das
kam so: Die Titelfigur, ein Redakteur beim
Hörfunk, hat die Eigenart, die aus den
Programmen herausgeschnittenen Tonband-
abschnitte zu sammeln, auf denen nichts
zu hören ist, weil der Sprecher gerade eine
Pause macht. Grund der Leidenschaft
ist der Überdruss des Sammlers an leerem
Geschwätz.

In scherzhafter Anspielung auf den böllschen
Titel bezieht man sich heute auf jemandes
„gesammeltes Schweigen“, wenn er sich
nicht an einer Diskussion beteiligt, zu etwas
nicht Stellung nimmt oder eine Antwort
schuldig bleibt.

Warten auf R♥MEO.

En attendant Godot.

Wenn Sie umseitige Anzeige in der Rubrik „Partnersuche" lesen, dann dürfen Sie bei der Inserentin wohl literarisches Interesse voraussetzen. Wegen der Anspielung auf Shakespeares „Romeo und Julia", insbesondere aber wegen der Anspielung auf ein Theaterstück des Iren Samuel Beckett. In dem 1953 auf Französisch verfassten, dann von Beckett ins Englische übertragenen Stück *„En attendant Godot"* / *„Waiting for Godot"* warten zwei Tramps auf einen Unbekannten namens Godot, und es bleibt ungewiss, ob er je kommt. Der deutsche Titel „Warten auf Godot" wird meist scherzhaft zitiert als Ausdruck der Ungeduld, wenn man lange oder vergeblich auf jemanden oder etwas wartet.

DUDEN **Glotzt nicht so**

romantisch!

Bloß keine Illusionen!

Bertolt Brecht empfahl für sein Stück „Trommeln in der Nacht" die umseitige Aufforderung als die Bühnenillusion aufhebenden Plakatspruch im Zuschauerraum. Im 5. Akt richtet sie der halbherzige Revoluzzer Kragler bei den Kämpfen im Berliner Zeitungsviertel auch an seinesgleichen: „Glotzt nicht so romantisch! (…) Ihr blutdürstigen Feiglinge, ihr!"

In salopper Sprache kann mit diesem Zitat aufdringlichen Mackern eine Abfuhr erteilt werden. Als eine Art kalte Dusche kann man damit aber auch auf einen Träumer oder Schwärmer zielen, um ihn zum Widerstand gegen den schönen Schein wachzurütteln.

Big brother

is

watching you.

Bruder mit Argusaugen.

In seinem Zukunftsroman „1984" zeichnet der englische Schriftsteller George Orwell (*1903, †1950) das Schreckensbild eines totalitären Staates, an dessen Spitze der *„big brother"* jeden Einzelnen bis in die privatesten Bereiche hinein beobachtet.

Der Ausdruck „der große Bruder" ist seither zur Metapher einer alle und alles überwachenden Staatsgewalt geworden.

Daneben kann dieser Ausdruck – und ebenso das umseitige vollständige Zitat – allerdings auch scherzhaft gebraucht werden in Bezug auf einen Vorgesetzten etwa oder einen stärkeren Partner, vor dem man sich lieber in Acht nehmen sollte: *„Big brother is watching you", mahnte sie scherzhaft, als sich ihr Kollege schon um vier vom Schreibtisch verdrückte.*

Den Wald vor lauter Bäumen nicht sehen.

Mit Blindheit geschlagen ...

Die Redewendung ist in zwei Bedeutungen gebräuchlich, und zwar besagt sie zum einen, dass man etwas, was man sucht, nicht sieht, obwohl es einem mehr oder weniger direkt vor der Nase liegt; zum anderen, dass man über zu viele Einzelheiten das größere Ganze nicht erfasst.

Ein Beispiel zur zweiten Bedeutung: *Die Lösung des Problems liegt auf der Hand, aber unser Herr Mückenseier studiert alle Vorschriften und sieht mal wieder den Wald vor lauter Bäumen nicht.* Der bildliche Ausdruck stammt aus der Feder des führenden Dichters des deutschen Rokokos, Christoph Martin Wieland (*1733, †1813), und findet sich u. a. in seinem satirischen zeitgeschichtlichen Roman „Die Abderiten" und in seiner Verserzählung „Musarion".

Quo vadis,

Schalke 04 **?**

Wohin gehst du?

Unter dem Titel „*Quo vadis?*" (lateinisch = Wohin gehst du?) erschien 1896 ein Roman des polnischen Schriftstellers Henryk Sienkiewicz: ein Bestseller, in 30 Sprachen übersetzt und mehrmals verfilmt. Der Roman spielt zur Zeit der Christenverfolgungen unter dem römischen Kaiser Nero und sein Titel geht auf die folgende nachbiblische Legende zurück: Auf seiner Flucht vor der Verfolgung erscheint dem Apostel Petrus Jesus, der dem Apostel auf die Frage „*Quo vadis, Domine?*" antwortet, er ginge nach Rom, um sich ein zweites Mal kreuzigen zu lassen. Petrus kehrt daraufhin in die Stadt zurück und erleidet hier den Märtyrertod. Man zitiert den Titel heute als Ausdruck der Besorgnis und Skepsis im Sinne von „Wohin soll das führen?"

Schwachheit,

dein Name ist

Mann!

Etwas faul im Staate Dänemark ...

Umseitiger Stoßseufzer ist eine scherzhafte
Abwandlung des oft zitierten Verses
„Schwachheit, dein Name ist Weib!", der
sich gegen die angeblich typisch weibliche
Anfälligkeit für Versuchungen richtet.
Die Quelle ist William Shakespeares
Tragödie „Hamlet" (um 1601). In dem
Ausspruch *„Frailty, thy name is woman!"*
fasst Hamlet hier (1. Akt, 2. Szene) das für
ihn unbegreifliche Verhalten seiner Mutter
zusammen, die nur wenige Wochen nach
dem gewaltsamen Tod ihres Mannes dessen
Mörder heiratet.

Jeder Zoll ein

Gentleman!

Vom Scheitel bis zur Sohle.

Natürlich lassen sich alle möglichen Menschentypen in Zoll messen, etwa: *Jeder Zoll ein Fiesling / ein Kavalier / ein Ästhet / eine Dame / eine Karrierefrau …* – und dergleichen mehr. Ursprünglich bezieht sich das zur Redewendung gewordene Zitat allerdings auf einen König und stammt aus Shakespeares „King Lear" (IV, 6). In der öden Landschaft der Kreidefelsen bei Dover begegnen sich der dem Wahnsinn entgegentreibende König und der erblindete Graf von Gloster. Auf die Frage Glosters „Ists nicht der König?" antwortet Lear voller Ironie und Bitterkeit: „Ja, jeder Zoll ein König." *(„Ay, every inch a king.")*

Gut gebrüllt, Löwin!

Zoo oder Zirkus?

Weder – noch. Die Antwort auf ein engagiert
vorgetragenes Argument könnte eher in
einer dienstlichen Diskussion oder am Ver-
handlungstisch, vielleicht auch in einem
partnerschaftlichen Streitgespräch zu hören
sein.

In wortgetreuer Übersetzung heißt das Zitat
„Gut gebrüllt, Löwe!" (*„Well roared, lion!"*)
und stammt aus Shakespeares so genanntem
Rüpelspiel „Ein Sommernachtstraum"
(um 1595; 5. Akt, 1. Szene).

Man bekundet mit dem Zitat gern
seinen Beifall oder kommentiert ironisch,
wenn etwas treffend und schlagfertig
bemerkt wurde.

Gruppe_{nbild} mit Dame.

(Zeigt wen?)

Limbach und Gefolge?

Gruppenbild mit Dame ist der eingängige Titel eines 1971 erschienenen Romans mittlerer Dicke von Heinrich Böll.

In einer Zeit, in der Frauen mehr und mehr in politisch exponierte Stellungen vorrückten, kam dieser Titel – mitunter ergänzt durch ein kleines „n" (Damen) – den Journalisten als Bildunterschrift gelegt; das umso mehr, als die Anwendungsmöglichkeit des Zitats ohne vorherige Lektüre des Romans auf der Hand liegt. Der Titel wurde zum geflügelten Wort.

Das Heimchen
am Herde.

Bedrohte Spezies Hausgrille.

Wir registrieren Ihre beim Lesen umseitiger
Zeile sich runzelnde Stirn und beeilen uns,
„bedrohte" durch „befreite" zu ersetzen!
Denn wer wollte es bei vernünftiger Über-
legung heute noch gutheißen, wenn eine
Frau nur der selbstverleugnenden Erfüllung
hausfraulicher Pflichten lebt (wo man doch
schon vor Jahren zur Einsicht gekommen ist,
dass nur von gleicherweise hausfraulichen
und hausmännlichen Pflichten die Rede sein
kann ...)?
Bei der heute abwertend gebrauchten Bezeichnung „Heimchen am Herde" handelt
es sich um den Titel der 1846 veröffent-
lichten Weihnachtsgeschichte „*The Cricket on
the Hearth*" von Charles Dickens.

Kleider machen Leute.

DUDEN

Wirf dich in Schale, Walter!

Dass eine gute, gepflegte Kleidung das Ansehen hebt, zumindest auf den ersten Blick, kann kaum bestritten werden.

Die umseitige sprichwörtliche Redensart ist denn auch dementsprechend alt, lässt sich nämlich bis ins 1. Jahrhundert zurückführen, wo sie bei dem römischen Rhetoriker Quintilian auftaucht. Allgemein verbreitet wurde sie wohl durch den gleich lautenden Titel einer Novelle des großen realistischen Schweizer Erzählers Gottfried Keller. Trotzdem sollte man sich nicht zu fest auf die positive Wirkung der Kleidung verlassen. Wie heißt noch mal das italienische Sprichwort? *„La scimmia è sempre scimmia, anche vestita di seta!"* (= Affe bleibt Affe, auch in Seide gekleidet.)

Wehret den Anfängen!

Rat mir was Leichteres, Ovid!

Wenn Amor, dieses pfiffige geflügelte Bürschchen, seinen Pfeil an den Bogen legt, dann gehts ruckzuck und eh man sichs versieht. Er zielt und trifft, und zwar mit der Perfektion eines Meisterschützen mitten ins Herz. Und von wegen „wehren"! Wer von uns könnte mit Erfolg einer Macht entgegenwirken, die selbst den Göttern des Olymps zum Fallstrick wurde?! Diese Einsicht hat uns wohl dahin gebracht, den umseitigen warnenden Rat des römischen Dichters Ovid vor dem Sichverlieben auf andere Bereiche auszudehnen, nämlich auf jede den Menschen und seine Umwelt bedrohende Entwicklung, die es rechtzeitig aufzuhalten gilt: ob politische Unfreiheit, Waffengewalt, Umweltverschmutzung, Drogenabhängigkeit oder Aids.

Kein Mensch muss

Kein Mensch muss müssen.

Niemand kann zu etwas gezwungen
werden, was er nicht will: In diesem Sinne
verwenden wir das zur Redensart gewordene Zitat aus Gotthold Ephraim Lessings
Drama „Nathan der Weise" (1779).
Im 3. Auftritt des 1. Aufzugs äußert Nathan
im Gespräch mit dem Derwisch:
„Kein Mensch muss müssen, und ein Derwisch müsste? / Was müsst er denn?"
Darauf die Erwiderung des Derwischs:
„Worum man recht ihn bittet, / Und er für
gut erkennt, das muss ein Derwisch."

Es gibt nichts Gutes außer: !

FRAGEN SIE ERICH KÄSTNER. DUDEN

... außer: Man tut es.

Eine nüchtern formulierte Weisheit, von
der wir uns sicher alle eine Scheibe abschneiden können. Denn wie erreicht man
schon Gutes mit weisen Sprüchen und
Händen im Schoß, ohne selbst zu handeln?
Das Zitat findet sich weder im „Doppelten
Lottchen" noch in „Emil und die Detek-
tive", sondern mit der Überschrift „Moral"
in Kästners 1950 veröffentlichter Epi-
grammsammlung „Kurz und bündig".

Aufstand

Naturschützer proben den Aufstand – Unser
Fünfjähriger probt den Aufstand – Britische
Popband „Spice Girls" probt den Aufstand

[Wer probte zuerst?]

À la Günter Grass …

Wer hier wogegen demonstriert, hat mit
dem Schriftsteller Günter Grass nichts zu
tun. Wie wir die jeweilige Demonstration
allerdings sprachlich zum Ausdruck bringen,
dafür ist Grass die Vorlage.

„Die Plebejer proben den Aufstand" ist der
Titel seines 1966 erschienenen Theater-
stücks, in dem sich Grass mit der Haltung
Bertolt Brechts zu den Geschehnissen in
Berlin am 17. Juni 1953 auseinandersetzt und
die politischen Möglichkeiten zur Diskussion stellt.

Der Titel wird – oft mit scherzhaftem Unterton – zitiert, wenn man sich gruppiert
oder als Einzelner mit scharfer Kritik oder
dringlichen Forderungen zu Wort meldet.

! Stellen-weise Glatteis!

Nicht ins Schleudern kommen!

Umseitige aus dem Wetterbericht geläufige Meldung wählte Max von der Grün 1973 als Romantitel und nutzte dabei den übertragenen Gebrauch des Wortes „Glatteis" im Sinne von „Gefahr, heikle Situation". Als dementsprechende Warnung wird das Zitat oft verwendet: *„Stellenweise Glatteis in der Oststadt." Der Taxifahrer funkte die Nachricht, um seine Kollegen vor der Polizeikontrolle zu warnen.* Oder: *Wie ist der Alte heute gelaunt? – Vorsicht, stellenweise Glatteis!*

Wer behauptet da, unser goldener Sommer sei nur ein grün angestrichener Winter?!

Sonne in Flanelljackett.

Also nicht wir! Wir werden doch nicht ausgerechnet zum Sommeranfang den Dauerregen an die Wand malen! Und eingedenk des globalen Temperaturanstiegs könnte uns ja in diesem Sommer sogar der Boden unter den Füßen brennen … Nein, wir zitieren wieder nur: Das originelle Bild vom Sommer als grün angestrichenem Winter stammt von Heinrich Heine, der nicht weniger bildschöpferisch im gleichen Zusammenhang schrieb: „Sogar die Sonne muss bei uns eine Jacke aus Flanell tragen, wenn sie sich nicht erkälten will." Nachzulesen in dem 1830 erschienenen dritten Teil seiner „Reisebilder".

Dem schönen Zitat zuliebe möchte man sich fast einen sonnenarmen, regenreichen Sommer wünschen!

Drei Meilen

gegen den Wind ...

... die Wohlgerüche Arabiens.

Weihrauch, Myrrhe und Sandel, Rosen-
und Orangenblüten, Gardenien und Jasmin:
die betörend süßen, betäubend schweren
Düfte Arabiens.

Shakespeares Lady Macbeth (Macbeth, V, 1),
über die begangenen Mordtaten in Wahnsinn
verfallen, glaubt Blut an den Händen zu
haben, das sie vergebens abzuwaschen versucht: „(...) *all perfumes of Arabia will not sweeten
this little hand*" (= alle Wohlgerüche Arabiens
würden diese kleine Hand nicht wohlriechend
machen). Daher stammt also unser geflügeltes Wort „alle Wohlgerüche Arabiens", das
wir heute jedoch meist ironisch gebrauchen,
besonders wenn jemand für unseren
Geschmack zu aufdringlich parfümiert ist.

Ein Bier!

Ein **Königreich** für ein Bier!

Zitat Ludwigs von Bayern?

Wenn dem Deutschen nach seinem Lieb-
lingsgetränk gelüstet und ihm daher die
Zunge am Gaumen klebt, ist ihm kein Preis
zu hoch! Umseitiger Ausruf ist die scherzhafte Abwandlung eines Zitats nicht
des Bayernkönigs, sondern des englischen
Königs Richard III. in Shakespeares
gleichnamiger Tragödie. *„A horse! A horse!
My kingdom for a horse!"*, ruft Shakespeares
Titelheld, als er, von seinen Gegnern
geschlagen, übers Schlachtfeld irrt:
„Ein Pferd! Ein Pferd! Mein Königreich
fürn Pferd!"
Statt „mein Königreich" wird heute oft „ein
Königreich" zitiert und der Vers hat im
Laufe der Zeit zu zahlreichen Variationen
inspiriert, von denen die umseitige die be-
kannteste sein dürfte.

Jahrmarkt der Eitelkeit!

(Findet wo statt?)

Schickeria amüsiert sich.

„Jahrmarkt der Eitelkeit" lautet in deutscher
Übersetzung der Titel eines englischen
Gesellschaftsromans aus der ersten Hälfte
des 19. Jahrhunderts:
„Vanity Fair (Or, A Novel without a Hero)"
von William Makepeace Thackeray. Der
Roman „ohne Helden" entlarvt die
englische Gesellschaft der Napoleonzeit in
ihrem Egoismus, ihrer Dummheit und
Bosheit.
Wir etikettieren als „Jahrmarkt der Eitel-
keit" heute gewöhnlich gesellschaftliche
Anlässe, bei denen sich die Schickeria zur
Schau stellt nach der Devise „sehen und
gesehen werden". Diesen Jahrmarkt gibts
also allüberall.

der karnickel

hat angefangen!

Keiner wills gewesen sein!

Der Karnickel hatte natürlich überhaupt nicht angefangen, sondern weiß und flauschig und still vor sich hin mümmelnd im Korb der Marktfrau gesessen.

Der Schlawiner war der Pudel. Aber da der durch einen mörderischen Biss in den zarten Nacken das Kaninchen zugleich mundtot gemacht hatte, konnte vor Gericht die Wahrheit leicht verschleiert werden. Für ein ansehnliches Trinkgeld vom Pudelbesitzer sagte ein Schusterjunge gegen das Kaninchen aus. Der Schuldige wurde freigesprochen.

Umseitiges Zitat aus einer Versgeschichte des 19. Jahrhunderts wird als scherzhafte Redensart verwendet, wenn man einen Schwächeren oder Unschuldigen zum Sündenbock erklären will.

Lass **DUDEN** dick_e

Männer um mich sein!

Manche liebens rund!

Übergewicht ist zwar bewiesenermaßen
ungesund, darüber hinaus aber reine Ge-
schmackssache.

Bei umseitigem Zitat handelt es sich um einen
Ausspruch Julius Cäsars aus Shakespeares
gleichnamiger Tragödie (I, 2). Mit berechtig-
tem Misstrauen gegen den hageren Cassius,
einen seiner späteren Mörder, entscheidet sich
Cäsar für die Gesellschaft von beleibten
Männern: *„Let me have men about me that are fat."*
Diese Vorliebe Cäsars ist durch den griechischen Schriftsteller Plutarch historisch belegt.
In seiner Cäsarbiographie zitiert er den
römischen Staatsmann und General, dass er
nicht die dicken Herren fürchte, sondern
eher die mageren, blassen.

Vom *Wunderland* im

Strumpfenband.

Da machen Sie Augen, was?

Also, wenn Sie mit verschlossenen Augen durch die Welt rennen, brauchen Sie sich nicht zu wundern, wenn Ihnen alles grau in grau erscheint. Sperren Sie die Augen auf, lernen Sie wieder sehen, und Sie werden aus dem Staunen nicht herauskommen.

Im Sinne einer solchen Aufforderung werden die folgenden Verse zitiert, die aus dem Gedicht „Überall" des Dichters und Kabarettisten Joachim Ringelnatz (*1883, †1934) stammen: „Überall ist Wunderland. / Überall ist Leben. / Bei meiner Tante im Strumpfenband / Wie irgendwo daneben."

Also dann: Immer nur hereinspaziert, meine Herrschaften! Der Eintritt ins Wunderland ist frei!

4. Kapitel

Der Zweite in Rom? –
Aus der Geschichte zitiert

LIEBER DER ERSTE

hier als der Zweite

IN ROM.

Hat welcher Erzbischof gesagt?

Überhaupt kein Erzbischof, sondern ein
römischer Staatsmann und General: Cäsar
wars – nach Angaben des griechischen
Schriftstellers Plutarch – und zwar beim An-
blick einer kleinen Stadt in den Alpen.
Der Gedanke, lieber die erste Rolle in
einem kleinen Rahmen als eine untergeord-
nete im großen Rahmen zu spielen, ist nach
dem Muster dieses Zitats wiederholt neu
formuliert worden wie z. B.: „Lieber
der Erste bei den Kleinen als der Zweite bei
den Großen."
Zu hören sind aber auch Umkehrungen
von der Art: „Lieber ein kleiner Abge-
ordneter in der Hauptstadt als Landrat in
der Provinz" (schließlich bin ick Berlina!).

GIB MIR MEINE LEGIONEN WIEDER!

(Wer hats gefordert?)

Augustus im Teutoburger Wald.

Es war im Herbst des Jahres 9 v. Chr.,
als Kaiser Augustus die umseitig übersetzte
Aufforderung an den Statthalter Varus
gerichtet haben soll.

Vermutlich hat er sie wahnsinnig vor Verzweiflung und rasend vor Schmerz heraus-
gebrüllt, denn sein Feldherr hatte soeben
in der Schlacht im Teutoburger Wald (mit
drei Legionen in den Hinterhalt gelockt)
sein ganzes Heer, d. h. an die 20 000 Mann,
verloren – und stürzte sich dann in sein
eigenes Schwert.

Aber der Mensch ist vergesslich, vielleicht
aus Selbstschutz. Und so gebrauchen wir das
Zitat heute scherzhaft um jemanden,
durch dessen Schuld man etwas eingebüßt
hat, zur Wiedergutmachung aufzufordern.

Das Buch ist tot, *es lebe das Buch!*

Le roi est mort ...

Was immer zugunsten einer PC-Bibliothek
vorgebracht werden mag: Die persönliche
Leser-Buch-Beziehung ist perdu!
Keine Eselsohren mehr, keine Fragezeichen
und keine Ausrufezeichen mehr, keine
Randnotizen und keine gepressten Blumen.
Und mit Goethe ins Bett gehen oder mit
Agatha Christie: aus der Traum!
Das Zitat, mit dem man die Kontinuität von
etwas ausdrücken will, ist französischen
Ursprungs und lautet im Originaltext: *„Le roi
est mort, vive le roi!"* (Der König ist tot, es
lebe der König!) – ausgerufen von einem
Herold, um den Tod des alten und die
Thronübernahme des neuen Königs zu ver-
künden.

Keine freundliche Aufforderung:

„... *sollen*

sie

doch

Kuchen

essen!"

... qu'ils mangent de la brioche.

Dieses Zitat hat man so oft Anlass gesehen, in den Mund der verschiedensten königlichen Häupter zu legen, dass bis heute nicht geklärt ist, über wessen hochwohlgeborene Lippen diese Worte kamen – anlässlich der Nachricht, dass beim Volk Brotmangel herrsche. Königin Marie Antoinette (*1755, †1793) dürfte es kaum gewesen sein, da der Philosoph Rousseau bereits in seinen „Bekenntnissen" (um 1765–70) auf einen königlichen Ausspruch dieser Art hinweist. Vielleicht wars die Frau Ludwigs XIV., des „Sonnenkönigs".
Je weiter man den Ausspruch in die Vergangenheit verlegen kann, desto besser!
Man zitiert ihn als sarkastischen Hinweis auf soziale Missstände, wenn nur Kuchenbrocken „von des Reichen Tische fallen".

L'ÉTAT
C'EST MOI !

[**Wer hats gesagt?**]

Zeitgeist anno dazumal.

Wir befinden uns im Zeitalter des Absolutismus. Wir schreiben das Jahr 1655 und bis zum Beginn der Französischen Revolution vergehen noch 134 Jahre.

Der umseitige Ausspruch – auf Deutsch „Der Staat bin ich!" – wird Ludwig XIV. zugeschrieben, dem Sonnenkönig von Gottes Gnaden. Als absolutistischer Herrscher war er Alleininhaber der Herrschaftsgewalt und nicht an das Gesetz gebunden.

So einfach war das damals – und ist es mitunter noch heute, nur dass dann keine Krone im Spiel ist und man es statt mit Königen mit megalomanen Diktatoren zu tun hat. Und so gebrauchen wir das Zitat heute als Kritik gegenüber größenwahnsinniger Verblendung, denn: Der Staat sind wir alle!

Dass **jeder nach seiner Fasson selig** werden darf, verdanken wir dem Alten Fritz.

Es lebe die Toleranz!

Die Redensart „Jeder muss nach seiner Fasson selig werden" gebrauchen wir im Sinne von „Jeder soll nach seiner eigenen Auffassung leben, sein Leben gestalten". Die Redensart geht auf eine Randnotiz Friedrichs des Großen zurück und bezieht sich ursprünglich auf die Toleranz in Sachen Religion, ist also weltweit hochaktuell und wert, ins Gedächtnis zurückgerufen zu werden! Mit der Notiz am Rand eines offiziellen Schriftstücks verneinte der protestantische König die Frage, ob die römisch-katholischen Schulen wegen Unzuträglichkeit wieder abgeschafft werden sollten.

„Mehr Demokratie wagen."

❮ Wer hat es gesagt? ❯

a ❯ Königin Elisabeth II.

b ❯ Willy Brandt

c ❯ Michail Gorbatschow

Willy Brandt wars.

Der programmatische Satz „Wir wollen
mehr Demokratie wagen" stammt
aus Willy Brandts Regierungserklärung
vom 28. Oktober 1969.

Der darin enthaltene Gedanke, dass
Demokratie keine gegebene Einrichtung
ist, sondern ein Ideal, dessen Verwirklichung auch immer ein Wagnis darstellt
und Mut und Entschlossenheit von
den Regierten ebenso wie von den Regie-
renden verlangt, hat viele Menschen
so fasziniert, dass die umseitige Formu-
lierung zum häufig verwendeten politischen Schlagwort wurde.

„Ich klage an!"

In dem berühmt-berüchtigten Dreyfus-Prozess ergriff der französische Schriftsteller Émile Zola (*1840, †1902) die Partei des angeklagten jüdischen Generalstabsoffiziers Alfred Dreyfus. In einem an den französischen Präsidenten gerichteten offenen Brief, den er am 13. Januar 1898 unter der Überschrift „J'accuse!" in der Zeitschrift „Aurore" veröffentlichte, beschuldigte Zola das Kriegsgericht, ein Fehlurteil auf Grund von Vorurteilen gefällt zu haben. Man zitiert diesen emphatischen Ausruf, um einer Kritik, einem Anprangern von Missständen besonderes Gewicht zu verleihen.

Etwas außerhalb der Legalität ...

Im Klartext: illegal.

Eine Litotes ist eine rhetorische Figur, bei
der etwas Positives durch die Verneinung
seines Gegenteils ausgedrückt wird.
Als ausweichende Antwort auf eine neu-
gierige Frage sagen Sie z. B.: „Es hat nicht
wenig gekostet", wenn Sie in Wirklichkeit
viel dafür bezahlt haben. Eine Kunst der
Untertreibung, die zu beherrschen sich
lohnt – nicht nur in der Politik.
Womit wir beim eigentlichen Thema wären:
Der umseitigen populär gewordenen
Litotes bediente sich 1962 im Rahmen der
Spiegelaffäre der damalige Innenminister
Hermann Höcherl in Bezug auf die Verhaf-
tung des Redakteurs Conrad Ahlers.
Man kommentiert damit heute ironisch eine
Handlung, die als illegal zu betrachten ist.

Die **janz**e
Richtung passt uns nich!

Staatsgeschneiderte Kunst.

Das wäre leider weder das erste noch das
letzte Mal gewesen, dass der Staat Kunst, die
ihm nicht ins Konzept passt, verboten hätte.
Im vorliegenden Fall schreiben wir das
Jahr 1890. Was dem Staat da zu Beginn des
Wilhelminischen Zeitalters nicht behagte,
war Hermann Sudermanns gesellschafts-
kritisches Stück „Sodoms Ende", über das
ein Aufführungsverbot verhängt wurde.
Vom Theaterleiter nach dem Grund des Ver-
bots gefragt, gab der damalige Berliner
Polizeipräsident Bernhard von Richthofen
die umseitig zitierte Auskunft.
Wir legen das Zitat heute jemandem – z. B.
einem politischen Gegner – in den Mund,
um dessen Borniertheit und Arroganz anzu-
prangern.

BUSINESS
AS USUAL.

„Die Maxime des britischen Volkes."

Umseitigen Ausdruck – in deutscher Übersetzung „Die Geschäfte gehen ihren norma-
len Gang" – prägte Winston Churchill
am 9. November 1914.
Der spätere Premier und damalige Marine-
minister bezog sich damit auf die Ereignisse
des 1.Weltkrieges, denen kein Einfluss
auf das britische Wirtschafts- und Geschäfts-
leben eingeräumt werden sollte. Man
verwendet den Ausspruch heute in zweierlei
Bedeutung: einmal ganz allgemein zur
Charakterisierung einer Lage, in der nichts
Ungewöhnliches zu vermelden ist; zum
anderen als Kommentar nach einem bestimmten Ereignis, das man in Bedeutung
und Auswirkung herunterspielen oder auch
nur nicht überbewerten will.

Time i$ money

DUDEN

Zu deutsch: Zeit ist Geld.

An Aussagen über Zeit als kostbares Gut und die dringende Notwendigkeit, es nicht zu vergeuden, hat es seit der Antike nicht gefehlt. Unsere sprichwörtliche Redensart „Zeit ist Geld" ist die Lehnübersetzung eines Zitats von Benjamin Franklin, dem amerikanischen Naturwissenschaftler und Politiker, der in seinen 1748 erschienenen „Ratschlägen für junge Kaufleute" mahnt: „*Remember that time is money.*" Nutzen wir die Zeit, denn Zeitverlust ist Geldverlust. Damit wir uns aber nicht missverstehen: Das ist kein Freibrief für mäßige Qualität, im Sinne von: „Hauptsache, der Zeitrahmen wird nicht gesprengt und das Budget haut hin!" Und nachdem das klargestellt ist: Frohes und lukratives Schaffen!

Geld stinkt nicht!

✖ **richtig**

✖ **falsch**

[Zutreffendes bitte ankreuzen]

Einladung zur Geruchsprobe.

Ergebnis umseitiger Meinungsumfrage: Eine
überwältigende Mehrheit empfindet das hier
angesprochene Geld als Geruchsbelästigung.
Ein Wort zum historischen Hintergrund der
duftintensiven Behauptung: Der im Jahre
69 n. Chr. zum römischen Kaiser ausgerufene
Vespasian belegte die öffentlichen Bedürfnis-
anstalten mit einer Steuer. Von seinem
Sohn deswegen kritisiert, soll er diesem das
Steuergeld unter die Nase gehalten haben
mit der Frage, ob es „streng" rieche. Die Antwort: *„Non olet"* (= es stinkt nicht).

Als Redensart hat das Zitat heute die Bedeutung: Auch unrechtmäßig oder auf unmora-
lische Weise erworbenes Geld erfüllt seinen
Zweck: *Was kümmerts ihn, dass sein Vermögen aus*
illegalen Geschäften stammt? Geld stinkt nicht!

I have a dream ...

dream ...

Wessen und welcher Traum war es?

Der Traum von Gerechtigkeit.

Mit den Worten „*I have a dream*" begann die
berühmt gewordene Rede des schwarzen
amerikanischen Bürgerrechtlers Martin
Luther King (*1929, †1968), die er am
28. August 1963 anlässlich des historischen
Marsches auf Washington hielt.
In formelhaft-eindringlicher Wiederholung
leiteten sie seine visionären Vorstellungen von
einer gerechteren, von Rassenvorurteilen
freien Gesellschaft ein, so z. B.: „Ich habe
den Traum, dass meine vier kleinen Kinder
eines Tages in einer Nation leben werden,
in der man sie nicht nach ihrer Hautfarbe,
sondern nach ihrem Charakter beurteilen
wird."

We shall **overcome**!

Wir werden siegen!

Wohl kaum jemand, dem sich umseitiges Zitat nicht sofort mit einer oft gehörten Melodie verbinden würde! Das Zitat stammt aus einem amerikanischen Lied, dessen Ursprung auf die Zeit vor dem Bürgerkrieg (1861–65) zurückgeht, mit dem die Sklaverei beendet wurde. Um 1900 wurde das Lied dann umgearbeitet zu einem Kirchenlied der Baptisten mit dem Titel „*I'll Overcome Some Day*".

Allgemein bekannt wurde das Lied 1946, als es schwarze Arbeiter auf Streikposten in South Carolina sangen. In den frühen 60er-Jahren wurde das Zitat zum Slogan der Bürgerrechtsbewegung der schwarzen Amerikaner.

Black
is beautiful!

Schwarz ist schön.

Ursprünglich stammt das Schlagwort aus
der amerikanischen Black-Power-Bewegung
der 60er-Jahre, die sich gegen die Rassen-
diskriminierung richtete. Es ist Ausdruck des
gewachsenen Selbstbewusstseins der Menschen schwarzer Hautfarbe in Amerika
und weltweit. In den 70er-Jahren tauchte der
Slogan in der CDU-Wahlkampagne auf –
als scherzhafte Anspielung auf die umgangssprachliche Bezeichnung der CDU/CSU-
Politiker als „die Schwarzen". Als Zitat wird
das Schlagwort oft auch ganz vordergründig
auf die mit Weiß konkurrierende Designer-
farbe Schwarz bezogen, die seit kurzem nicht
mehr nur in der Kleidung tonangebend ist,
sondern auch für Lippenstift und Nagellack.

„We are not amused.“

‹ Wer hats gesagt? ›

a ›   Winston Churchill

b ›   Queen Victoria

c ›   Margaret Thatcher

Gar nicht witzig!

Queen Victoria (*1819, † 1901) wars. Über
den Anlass der königlichen Zurechtweisung
ist man sich nicht einig.

Die einen sagen, einer ihrer Kammerherren
habe versucht, sie zu parodieren;
die anderen sagen, es sei ein pikanter Witz
an der königlichen Abendtafel gewesen,
der ihr missfiel.

Der Ausspruch wird als Ausdruck der Miss-
billigung zitiert, besonders wenn man einen
Scherz als nicht gelungen betrachtet:
*„Fünf Tippfehler auf einer Seite! Na, das nenn ich
gekonnt!! Is ja köstlich!!!", und die Sekretärin
wollte sich totlachen. – „We are not amused", sagte
ihre Chefin todernst.*

Das gemeinsame Haus Europa.

Goodbye, Europhobiker!

Mit dem bildlichen Ausdruck von gemein-
samem Haus Europa wird die Zusammen-
gehörigkeit und gemeinsame politische
Zukunft aller europäischen Nationen ein-
schließlich der GUS-Staaten beschworen.
Der Ausdruck wurde von dem sowjetischen
Politiker und Reformer Michail Gorbatschow
in seinem 1987 erschienenen Buch „Perest-
roika und neues Denken für unser Land
und die ganze Welt" geprägt. Er wurde bald
von vielen Politikern Westeuropas auf-
gegriffen und seine Verwirklichung bleibt
hartnäckigen Europagegnern zum Trotz
hoffentlich kein „leerer Wahn"!

5. Kapitel

„Was tun?", spricht Zeus –
Mit den antiken Göttern
im Bunde

„WAS TUN?“,

spricht ⊞ ⊞ ⊞ ⊞ .

Hier ist guter Rat teuer!

Zeus sprichts. Und Anlass zu dieser ratlosen
Frage des höchsten aller griechischen
Götter war die Aufteilung der Erde unter
die Menschen, bei der der Dichter leer aus-
gegangen war. Aber Zeus ist freilich nicht
umsonst leiblicher Vater der Musen, und
so beschenkt er den Dichter schließlich am
reichsten: „Willst du in meinem Himmel
mit mir leben, / Sooft du kommst, er soll
dir offen sein." Als der ärmste ist der
Dichter zugleich der Gott Nächste aller
Menschen.

Umseitiges Zitat ist – wie die beiden voraus-
gehenden Verse – in Schillers Gedicht
„Die Teilung der Erde" (1795) nachzulesen
und wird heute scherzhaft gebraucht in
einer Situation der Ratlosigkeit.

Am Anfang war *das* Ei.

ab ovo = vom Ei an

Leda war die Königstochter, mit der sich
der entflammte Zeus in Gestalt eines
Schwans vereinigte. Aus der göttlichen Um-
armung gingen zumindest ein Ei und zwei
Kinder hervor, von denen für uns hier nur
das Ei mit Helena (derselben Helena, die
später Anlass für den Trojanischen Krieg
wurde) wichtig ist. Auf dieses Ei bezieht
sich der römische Dichter Horaz, wenn er
Homers „Ilias" als Musterbeispiel für den
gelungenen Anfang eines Epos preist:
Homer – so Horaz – schildere den Kampf
um Troja nicht „*ab ovo*", sondern führe den
Leser rasch mitten in das Geschehen hinein.
Wir gebrauchen den Ausdruck „*ab ovo*"
bildungssprachlich im Sinne von „von Anfang an; weitschweifig".

In seinen **Armen** schläft man, und kein

Eifersuchtsdrama

folgt nach.

Die Götter machens möglich.

Die Rede ist von „Morpheus' Armen" und dieses Bild steht in gehobener Sprache für den ruhigen Schlaf. Allerdings beruht diese Bedeutung auf einem Missverständnis, denn der geflügelte Morpheus ist in der griechischen Mythologie der Gott der Träume, während sein Vater Hypnos, der Sohn der Nacht, der eigentliche Gott des Schlafes ist. Der Ausdruck ist in den verschiedensten Verbindungen gebräuchlich: Sie können in Morpheus' Armen liegen, ruhen oder schlafen; Sie können sich nach Morpheus' Armen sehnen oder in Morpheus' Arme sinken; Sie können schließlich unsanft aus Morpheus' Armen gerissen werden – durch den Wecker oder durch den Schrei: „WIR HABEN VERSCHLAFEN!!!"

DER SCHOPF DES
KAIROS

Kairos = günstiger Augenblick.

In der griechischen Mythologie wird der als
Gott verehrte Kairos mit einem lockigen
Vorderkopf und einem kahlen Hinterkopf
als Davonfliegender dargestellt, weil man
die günstige Gelegenheit meist erst dann zu
ergreifen sucht, wenn sie bereits vorbei ist.
Auf den Kairosmythos geht unsere Redewendung „die Gelegenheit beim Schopfe
ergreifen/(oder:) fassen/(oder:) packen"
zurück in der Bedeutung: einen einmaligen,
günstigen Augenblick schnell entschlossen
nutzen.

Altlasten:

Wasserverschmutzung in der Antike!

Das stinkt zum Himmel!

Hier wird kein Geringerer als Herakles ange-
klagt, der Nationalheld von ganz Hellas.
Und wessen er angeklagt wird, konnte –
bei seinem Vater Zeus! – nur dem Kopf eines
Genius entspringen!
Das verhielt sich nämlich so: Die Ställe des
Königs Augias waren mit ihren 3000 Rindern
seit dreißig Jahren nicht gereinigt worden
und Herakles' Aufgabe war es, dieses zum
Himmel stinkende Versäumnis an einem
einzigen Tag nachzuholen.
Er meisterte das Unmögliche, indem er zwei
Flüsse durch die Ställe leitete, die den Mist
fortschwemmten. Die Sage hat sich erhalten
in der Wendung „den Augiasstall ausmisten";
d. h., durch grobe Nachlässigkeit entstandene
Missstände beseitigen und Ordnung her-
stellen.

Die Büchse der

PANDORA.

Finger weg davon!

„Die Büchse der Pandora": Das ist der Inbegriff alles Unheil Bringenden!
Wie zumindest ihren Möglichkeiten nach
z. B. die Entdeckung der Kernspaltung
oder die Genforschung.
Der Ausdruck führt uns in die griechische
Mythologie. Pandora war hier die erste
Frau auf Erden, auf Zeus' Befehl vom Gott
Hephaistos aus Erde geformt, von allen
Göttern mit vielen Vorzügen und Reizen
versehen, von Zeus aber mit einem Tongefäß ausgestattet, das alle Übel und Leiden
der Welt enthielt, um die Menschen für
den Raub des Feuers durch Prometheus zu
strafen. Pandora öffnete ihr Gefäß und
alles Unheil kam über die Menschen. Nur
die Hoffnung blieb im Gefäß zurück.

Die drei Grazien.

(Wer waren sie eigentlich?) Wer

Aglaia, Thalia, Euphrosyne.

Natürlich haben wir es alle irgendwo auf einem Foto von unseren Töchtern, Freundinnen, Lehrerinnen oder Tanten festgehalten: ein weibliches Dreigespann, scherzhaft oder auch ironisch „die drei Grazien" genannt.

Ursprünglich handelt sichs bei den drei Grazien allerdings um göttliche Gestalten im römischen Altertum, die den Chariten, den Töchtern des Zeus, in der griechischen Mythologie entsprachen: Aglaia, der Glanz; Thalia, die Blüte; Euphrosyne, der Frohsinn. Sie treten oft im Gefolge von Hermes, Aphrodite und Apollon auf und bringen Göttern wie Menschen Anmut, Schönheit und festliche Freude.

Bildungsfrage:

> Klotho spinnt ihn;

> Lachesis beschützt ihn;

> Atropos durchschneidet ihn.

‹ Worum gehts? ›

Die drei Moiren oder Parzen.

Die Rede ist hier von dem Lebensfaden,
der in der griechischen Mythologie in
den Händen der drei Schicksalsgöttinnen,
der Moiren – Klotho, Lachesis und
Atropos –, lag.
Auf diese Vorstellung geht die sprachlich
gehobene Redewendung „jemandem den
Lebensfaden abschneiden" zurück.
Die Wendung ist einmal im wörtlichen Sinne
„jemandem das Leben nehmen" zu verstehen, aber auch in der erweiterten Bedeutung
„jemanden zugrunde richten, indem man
ihm dasjenige nimmt, was ihm im Leben am
wichtigsten ist".

Aus dem Rumpf erschlagener Mutter zur Welt gekommen:

Wer ist gemeint?

Pegasus, Sprössling der Medusa.

Also, um die Greuelgeschichte kurz zu machen und zum heiteren Ende zu kommen: In der griechischen Mythologie war Medusa die geflügelte Frau mit Schlangenhaaren, deren Blick jeden, der sie sah, im wörtlichen Sinne versteinerte. Der Held Perseus schlägt ihr das Haupt ab und – Wunder über Wunder –, wie umseitig beschrieben, Pegasus wird geboren, das geflügelte Pferd, Sohn des Meergottes Poseidon. Unter seinem Hufschlag entspringt später eine Quelle, und zwar an dem Berg Helikon, dem Sitz der Musen; damit entstand die Vorstellung von Pegasus als dem Dichterross. Die scherzhaft gebrauchte Wendung „den Pegasus besteigen / (oder:) reiten" bedeutet demnach: sich als Dichter versuchen.

TRIUMPH

der *weiblichen* **List**

ohne

Happyend **!**

Das Fass der Danaiden ...

Die Geschichte spielt in mythologischer Vor-
zeit und handelt von den Danaiden, den
50 (in Worten: fünfzig!) Töchtern des Danaos,
der mit seinem Bruder Aigyptos, seinerseits
stolzer Vater von 50 Söhnen, in Streit um die
Herrschaft gerät und mit seinen Töchtern
flieht. Aigyptos und seine Söhne nichts wie
hinterher. Die Frauen werden zur Ehe-
schließung gezwungen, von ihrem Vater aber
insgeheim für die Hochzeitsnacht mit Mord-
waffen ausgerüstet, die ihren schaurigen
Zweck nicht verfehlen.

Zur Sühne müssen die Danaiden in der
Unterwelt Wasser in ein Fass mit löchrigem
Boden schöpfen. Daher die Wendung
„das Fass der Danaiden füllen", d. h. sich mit
etwas abmühen, was zum Scheitern ver-
dammt ist.

H | | | | | s

am Scheidewege.

Wer wars?

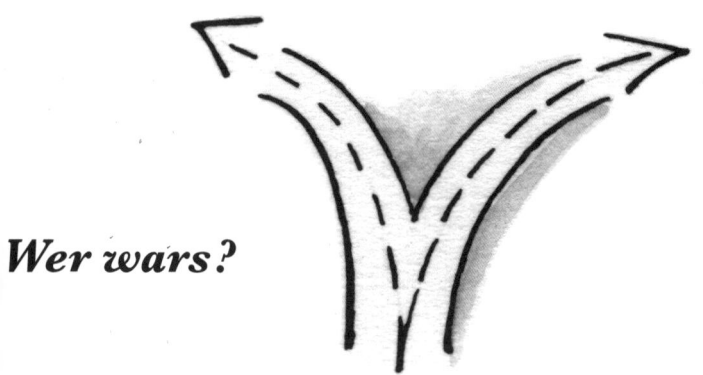

Herkules, Held der Mythologie.

Das Bild geht auf eine antike Parabel zurück, die u. a. durch den griechischen Schriftsteller Xenophon (* um 430 v. Chr., † 355) überliefert wird. Herkules begegnen hier an einer Wegscheide die Lust und die Tugend in Gestalt von zwei Frauen.

Vor die Wahl gestellt, widersteht Herkules dem verlockenden, leichten Weg der Lust und entscheidet sich für den mühevollen Weg der Tugend, der ihn zur Unsterblichkeit führt. Der Vergleich „dastehen wie Herkules am Scheideweg" ist gebräuchlich in Bezug auf jemanden, der eine schwierige Entscheidung treffen muss.

DER SCHILD DES ZEUS.

Unter jemandes Ägide.

Man stelle sich einen mächtigen Schild vor,
von göttlicher Hand geschmiedet, in dessen
Mitte einem das von Schlangenhaaren wild
umwehte, fratzenhafte Haupt der Medusa mit
lähmender Wirkung entgegenstarrt! Laut
griechischer Mythologie war dies der Schild
des Zeus, genannt Aigis, und Zeus lieh ihn
seiner Tochter, der Kriegs- und Friedens-
göttin Athene. Auf griechisch „Aigis" geht
unser Wort „Ägide" zurück, das in der übertragenen Bedeutung von „Schirm", „Schutz"
gebräuchlich wurde und heute nur noch
in der bildungssprachlichen Wendung „unter
jemandes Ägide", d. h. „unter jemandes
Leitung und Verantwortung", lebendig ist.

P ☐☐☐☐☐☐ **:**

Der Vogel,
den kein
Vogelbuch
verzeichnet.

Phönix – Fabelwesen der Antike.

Wenn laut sprachlich gehobener Wendung
jemand oder etwas wie ein Phönix aus der
Asche aufsteigt bzw. sich daraus erhebt, dann
bedeutet das, dass der/das Betreffende
nach scheinbarer Vernichtung in nicht mehr
erwarteter Weise wiedersteht, neu belebt
und verjüngt wiederkehrt.

Die alten Ägypter verehrten den Phönix als
Verkörperung des Sonnengottes. In grie-
chisch-römischer Mythologie war der aus
der Asche verjüngt wieder aufsteigende
Vogel Sinnbild ewiger Erneuerung.

TRINKEN

Vergessen gesucht!

Milch? Mokka? Likör vielleicht? Oder Arrak? Also dann eben Wodka! Nichts von alledem; obwohl sie allesamt fünf Buchstaben haben und drei der Getränke im Übermaß genossen für einige Stunden Vergessen sorgen können (gefolgt allerdings von einem ziemlich scheußlichen Erwachen). Nein, das gesuchte Getränk heißt „Lethe", und das ist in der griechischen Mythologie der Fluss des Vergessens, der im Hades, der Unterwelt, die paradiesischen Gefilde des Elysiums umfließt, in dem die Seelen der Toten in ewiger Glückseligkeit leben. Man gebraucht die dichterische Wendung in der Bedeutung: das Vergangene völlig vergessen.

Vom sechsköpfigen
Ungeheuer

und der Menschen verschlingenden

Riesin ...

Szylla und Charybdis.

Wer „zwischen Szylla und Charybdis" gerät,
der gerät in eine aussichtslose Situation,
in der man nur zwischen zwei Übeln wählen
kann.

Die beiden Monster von sprichwörtlicher
Fürchterlichkeit verdeutlichten in der griechischen Sage die Gefährlichkeit des Seeweges
durch die Straße von Messina: Szylla, das
Meeresungeheuer mit sechs Köpfen und
zwölf Füßen, die steile Klippe auf der einen
Seite; Charybdis, die dreimal am Tag das
Meerwasser aufsaugte und laut brüllend
wieder hervorstieß, den gegenüberliegenden
Meeresstrudel.

Kennen Sie die
Schauergeschichte von dem
Riesen
Bett
mit einem kurzen
und einem langen
?

Passend fürs Prokrustesbett.

Die Rede ist von dem Wegelagerer Damastes
mit dem Beinamen Prokrustes (= der Strecker),
der laut griechischer Mythologie die
vorbeiziehenden Wanderer gefangen nahm.
Die Kleinwüchsigen streckte er so lange, bis
sie die passende Größe für sein langes Bett
hatten, und den Hochwüchsigen sägte er die
Beine ab, um sie für sein kurzes Bett maß-
gerecht zu machen. Der bildungssprachliche
Ausdruck „Prokrustesbett" wird danach
übertragen gebraucht für eine höchst unange-
nehme Lage, in die man sich gezwungen
sieht: *Eingezwängt in das Prokrustesbett der monat-
lichen Hypothekenraten, bleibt für Urlaub kein
finanzieller Spielraum.* Oder für ein Schema, in
das etwas gewaltsam hineingezwängt wird:
das Prokrustesbett gesellschaftlicher Anstandsregeln.

Unser Sonderangebot: Nessushemden, Größe

L bis XXXL,

in vielen individuellen Designs.

Finger davon!

Das mit dem Blut des Zentauren Nessus
bestrichene Hemd peinigte den griechischen
Helden Herakles mit solch höllischen
Schmerzen, dass er zur Verkürzung der
Qual den Flammentod suchte.

Wer ihm besagtes Hemd aber gebracht hatte,
war seine ihn eifersüchtig liebende Frau
Deianeira. An ihr hatte sich Nessus einst vergehen wollen, war deshalb mit einem Gift-
pfeil von Herakles getötet worden und hatte
sterbend Deianeira geraten, das Blut seiner
Wunde als Liebeszaubermittel für Herakles
aufzubewahren. So wurde „Nessushemd"
als Metapher gebräuchlich für ein verhäng-
nisvolles Geschenk und ganz allgemein
für etwas, was einem größte Qualen verur-
sacht.

6. Kapitel

Alle reden vom Wetter –
Ausflüge in die
Medienlandschaft

Alle reden vom Wetter,

wir nicht!

Mal ganz romantisch verstanden.

Der umseitig zitierte Werbeslogan aus den
Sechzigerjahren stammt von der
Deutschen Bundesbahn und wurde zum
geflügelten Wort.
Die Floskel „Alle reden von …" mit folgen-
dem „wir nicht" wird verwendet, wenn
darauf hingewiesen werden soll, dass man
selbst etwas anders macht oder als
geringeres Problem betrachtet als andere,
wobei oft der Gedanke des Wettbewerbs
im Vordergrund steht: *Alle reden von Dienst am
Kunden, wir nicht! Wir bieten ihn!*
Einen willkommenen Überraschungseffekt
enhält der ironisch-scherzhaft abgewandelte
Nachsatz „wir auch": *Alle reden von Prinzessin
Diana, wir auch!*

Reif für die Insel!

Buchen Sie noch heute!

Umseitige umgangssprachliche Wendung ist erst in den Achtzigerjahren entstanden, und zwar unter dem Einfluss eines Songs mit gleich lautendem Titel. Verfasser des Songs ist der österreichische Liedermacher Peter Cornelius.

Und damit wir uns nicht falsch verstehen: „Insel" steht hier nicht verhüllend für (salopp abwertend) „Irrenhaus", sondern ganz im Gegenteil für eine Art abgeschiedenen Zufluchtsort (der uns vor der Nervenklinik gerade bewahren soll). „Reif für die Insel" sind wir, wenn wir Urlaub dringend nötig haben. Warten wir also nicht, bis wir überreif sind …

Nicht immer, aber...

... immer öfter!

Die Werbesprache hat zweifellos unsere
Ausdrucksmöglichkeiten gerade in den
letzten Jahrzehnten, dem Medienzeitalter,
in vielfältiger Weise bereichert.
Ob die mit dem hier zitierten Spruch
werbende Leichtbierbrauerei damit wirklich
mehr von ihrem Getränk verkauft, wissen
wir nicht – der Slogan ist jedenfalls in die
Allgemeinsprache übergegangen und
wird v. a. scherzhaft verwendet: *Kommst
du mit dem neuen Computer klar? – Nicht immer,
aber immer öfter!*

Bei wem sitzen Sie in der ersten Reihe?

Nicht reserviert für Ehrengäste.

Die Wendung „in der ersten Reihe sitzen"
ist erst ein paar Jahre alt, nur wenig jünger
als der Slogan, mit dem die öffentlich-
rechtlichen Rundfunkanstalten ARD und
ZDF für Aktualität und Attraktivität ihrer
Fernsehprogramme werben. Der Werbe-
spruch „Bei ARD und ZDF sitzen Sie in der
ersten Reihe" hat den allgemeinen Sprachgebrauch bald beeinflusst und die Formulie-
rung „in der ersten Reihe sitzen" ist fest
geworden im Sinne von: bevorzugt behandelt
werden; besonders gute Möglichkeiten,
Chancen haben.

Beispiel: *Der schöne Engländer sitzt nach seinem*
ersten großen Filmerfolg in der ersten Reihe.
Der kann jeden Vertrag bekommen, den er will.

Und säuft DUDEN

und säuft

und säuft ...

Unser Otto doch nicht!

Unser Wagen! Die umseitige Häufung ein und derselben Zeitwortform ist eine scherzhafte Abwandlung des VW-Werbeslogans, der 1962 für den Käfer eingesetzt wurde: „Und läuft und läuft und läuft …" Der Slogan wurde in seiner rhetorisch effektvollen Form damals rasch populär und wird in Übertragungen oder Abwandlungen immer wieder angewandt, etwa wie umseitig in Bezug auf Ottos Alkoholkonsum oder den Kraftstoffverbrauch unseres Autos.

Und in diesem Moment schleppt sich ein weiteres Beispiel zur Tür herein, voll beladen und erschöpft vom vorweihnachtlichen Kaufzwang: „Und käuft und käuft und käuft …"

Acht Stunden

sind kein Tag.

DUDEN

Siebeneinhalb auch nicht.

Das Zitat ist der Titel einer Fernsehserie,
mit der Rainer Werner Fassbinder Anfang
der 70er-Jahre Aufsehen erregte.
Der Regisseur wollte in der Serie deutlich
machen, wie stark die Zeit, die uns neben
dem (damals 8-stündigen) Arbeitstag noch
verbleibt, von beruflichen, politischen
und familiären Problemen bestimmt wird.
Er wollte zugleich aber auch zeigen,
dass wir im Arbeitstag durchaus Herr der
Situation sein können und Schwierig-
keiten kein unabänderliches Schicksal sind.
Wir zitieren den Titel um auszudrücken,
dass das Leben mehr ist als ein Arbeitstag
mit seinen Problemen.

Null Prøblemo!

Kein Problem.

Sollten Sie gerade mit Ihren Nerven am Ende sein und überall nichts als Probleme sehen, dürfte Ihnen folgende Erfahrung die Dinge wieder in die richtigen Proportionen rücken: Wenn Sie auf einer Straße entlanggehen und zehn Probleme auf Sie zusteuern, können Sie sicher sein, dass neun im Graben landen, bevor sie Sie erreicht haben.

Und zu umseitigem, besonders jugendsprachlich aktuellem Ausdruck: Er stammt aus der deutschen Synchronisation der amerikanischen Fernsehserie „Alf"; in der ein Wesen von einem anderen Stern bei einer Familie lebt und durch sein eigenwilliges Verhalten und seine schnodderige Ausdrucksweise für Komik und Unterhaltung sorgt.

❮ Wer sagte: ❯

„Das ist der Beginn einer wunderbaren Freundschaft"?

a ❯ Marlene Dietrich

b ❯ Humphrey Bogart

c ❯ Marilyn Monroe

Das ist der Beginn einer …

Es war Humphrey Bogart in dem Film
„Casablanca". Mit diesen Worten, die der
Barbesitzer Rick an den französischen
Offizier Louis richtet, endet der berühmte,
zum Kultfilm und Evergreen gewordene
amerikanische Film „Casablanca", der 1942
mit den Hauptdarstellern Ingrid Bergman
und Humphrey Bogart gedreht wurde.
Der Satz (im englischen Originaltext:
*„Louis, I think this is the beginning of a beautiful
friendship"*) wird meist scherzhaft oder auch
ironisch zitiert, etwa wenn sich irgendwo
eine menschliche Beziehung abzeichnet,
die man alles andere als freundschaftlich
nennen möchte.

High Noon im Bundestag

EWS-Debatte.

„High Noon" ist der Titel eines 1952 gedrehten amerikanischen Western. Der Titel bezieht sich auf die Ankunftszeit des Zuges (eigentlich = Punkt zwölf Uhr mittags), mit dem der Gangster eintrifft.

Wir gebrauchen den Ausdruck „High Noon" wie umseitig im Sinne von „spannungsgeladene Atmosphäre" und seltener in der Bedeutung „höchste Zeit".

Der Spontispruch „High nun – denn morgen können wir schon tot sein" bezieht seine Doppelbödigkeit aus dem Wortspiel mit „High Noon" im Sinne von „höchste Zeit" und „high nun" im Sinne eines durch Drogen ausgelösten euphorieähnlichen Zustandes.

Der Spruch ist also zugleich politische Protestparole und Ausdruck eines bestimmten Lebensgefühls.

Szene_n

einer Ehe.

Bilaterale Gespräche.

Ob es sich etwa um die Fusion zweier Betriebe handelt, um die enge Zusammenarbeit zweier Institute oder eine Städtepartnerschaft: In jedem Fall wird der Filmtitel übertragen und als Ausdruck einer gewissen Skepsis gebraucht und der Überraschungseffekt bleibt nicht aus.

„Szenen einer Ehe" ist ein stark von Dialogen geprägter, 1973 gedrehter Ingmar-Bergman-Film, der die Entwicklung einer Ehe bis zur Scheidung und die Beziehung danach in mehreren Stationen verfolgt.

Ein Käfig voller Narren.

DUDEN

La Cage aux Folles.

Das ist in deutscher Übersetzung bzw.
im originalen Wortlaut der Titel eines 1978
gedrehten französischen Films. Der Film
spielt im Transvestitenmilieu und basiert auf
Jean Poirets Bühnenstück „Männer sind
doch bessere Frauen".

Wir bedienen uns des Zitats, um eine Ver-
sammlung von Personen zu charakterisieren,
die man in bestimmter Hinsicht wenig
schmeichelnd als Narren einstuft – mög-
licherweise nur rein subjektiv, weil ihre
Ansichten mit unseren nicht übereinstim-
men; vielleicht aber auch begründet,
weil sie am Maßstab der Vernunft gemessen
lächerlich sind.

Fressen

Das große Fressen.

Rotkäppchens Großmutter?

Natürlich gehts hier nicht um die vermeintliche Großmutter aus dem grimmschen Märchen, sondern um den 1973 gedrehten französischen Spielfilm *„La grande bouffe"*, der unter dem umseitigen Titel in deutschen Kinos lief. Die weibliche Hauptdarstellerin Andrea Ferréol hatte sich für ihre Rolle eine Rubensfigur anfuttern müssen.

Der Film erregte wegen seiner schockierenden Darstellung einer selbstmörderischen Fressorgie großes Aufsehen und sein Titel wurde bald als salopp-scherzhafte Bezeichnung für Veranstaltungen gebräuchlich, bei denen kalte Büffets und kulinarische Genüsse im Mittelpunkt stehen.

Lassen wir uns für die nächste Party was Besseres einfallen!

Love love love

love love love

love love love . . .

All you need is love!

Obwohl fast dreißig Jahre alt, ist es beinah
überflüssig zu erwähnen, dass wir hier einen
Beatles-Song (komponiert und getextet von
John Lennon und Paul McCartney) hören,
dessen Refrain als Motto der Flowerpower-
bewegung der Sechzigerjahre gelten könnte.
Überflüssig auch, Beispielsituationen zur
Anwendung des Refrains zu entwerfen:
Keiner von uns dürfte darum verlegen sein.
Und da den meisten die Melodie ohnehin
im Ohr ist, jetzt alle zusammen:
All you need is love (jeder singt mit) /
All you need is love, love, love is all you
need. Yeah!

Sag mir, wo die Blumen sind ...

..., wo sind sie geblieben?

Üblicherweise bezieht man sich mit der
floskelhaften Frage „Sag mir, wo … sind?"
auf Personen oder Sachen, deren Fehlen,
Nicht-mehr-da-Sein man ernsthaft beklagt,
z. B.: „Sag mir, wo die Strände sind?"
oder „Sag mir, wo die Bäume sind?" oder
„Sag mir, wo die Freunde sind?"
Die Worte beziehen sich auf den gegen den
Krieg gerichteten Song *Where have all the
flowers gone"* („Sag mir, wo die Blumen sind"),
den der amerikanische Folksänger Pete
Seeger vor gut dreißig Jahren schrieb.
Die deutsche Übertragung ist besonders
durch Marlene Dietrichs Interpretation
bekannt geworden.

Mein Gott, Walter!

Wie kannnnn man nur!

Umseitiger immer wieder zu hörender Ausruf der Verwunderung oder des Unverständ-
nisses wurde ursprünglich gesungen, und
zwar als Kehrreim des Liedes von Walter,
in den Siebzigerjahren einer der ersten
Schallplattenerfolge des Unterhaltungskünst-
lers und Blödelbarden Mike Krüger.
Besagter Walter kämpft seinen Kampf gegen
die Tücken des Alltags auf seine ganz spe-
zielle Art, was bei denen, die mit ihm zu tun
haben, nicht zuletzt bei seiner Frau, den Stoßseufzer auslöst: „Mein Gott, Walter!"
Sollten Sie nach verzweifelter, zeitaufwendiger
Suche gerade festgestellt haben, dass
Ihr lieber Kollege wieder einmal eine Akte
falsch abgelegt hat, tun Sie sich keinen
Zwang an …

Neue Tapeten braucht die Wand. Neue Tapeten braucht die Wand. Neue Tapeten braucht die Wand. **Neue Tapeten braucht die Wand.** Neue Tapeten braucht die Wand. Neue Tapeten braucht die Wand. Neue Tapeten braucht die Wand. Neue Tapeten braucht die Wand. Neue Tapeten braucht die Wand. Neue Tapeten braucht die Wand. Neue Tapeten braucht die Wand.

Tapetenwechsel mit Ina.

Kommt Ihnen bekannt vor? Ähnlich bekannt wie z. B. „Neue Politiker braucht das Land" oder „Neue Wälder braucht das Land" oder auch „Neue Männer braucht das Land"?

Letzteres ist der Titel eines Songs der Berliner Rocksängerin Ina Deter, der wie viele ihrer Songs von der Problematik der Frauenemanzipation geprägt ist und zu Beginn der 80er-Jahre ein großer Erfolg war.

Der Titel wurde so populär, dass er heute als geflügeltes Wort mit austauschbarem Objekt in unterschiedlichen Zusammenhängen verwendet wird.

Ich bin

von Kopf bis Fuß auf

● ● ●   ● ● ●   ● ● ●   ● ● ●   ● ● ●

ein**gestell**t.

Die Beene von Marlene ...

Ob Sie nun Umwelt, Liebe, Pasta oder Kinder ergänzt haben: Sie liegen immer richtig! Denn die wechselnde Ergänzung macht heute den Gebrauch des umseitigen Zitats aus, wenn sich jemand mit Haut und Haaren einer bestimmten Sache oder Person verschrieben hat.

In der Originalfassung ist allerdings von Liebe die Rede, und das Ganze wird gesungen, nämlich in einem Chanson, mit dem Marlene Dietrich in dem 1930 gedrehten Film „Der blaue Engel" berühmt wurde. Das Chanson stammt aus der Feder von Friedrich Hollaender, der die Musik zu diesem Kinoklassiker schrieb.

Das Wort zum Sonntag. –

????? – Das wars. Zitatende.

Samstags in der ARD.

Wohl kaum einer von uns, der zumindest dem umseitig zitierten Titel nach die Sendung nicht kennen würde, die samstagabends in der ARD ausgestrahlt wird und zu den ältesten des deutschen Fernsehens gehört. Die Sendung besteht aus kurzen Betrachtungen, die meist von einem Vertreter der protestantischen oder katholischen Kirche vorgetragen werden.

Der Titel der Sendung ist im Sinne einer eindringlichen Ermahnung in den allgemeinen Sprachgebrauch eingegangen. Womit wir zu unserem Wort zum Sonntag kämen:

Tun wir am nächsten Wochenende doch endlich das, woran uns wirklich etwas liegt und was wir aus irgendeinem untriftigen Grund immer wieder verschoben haben!